現代に生きる教会の使命

W・パネンベルク 著
大木英夫・近藤勝彦 監訳

聖学院大学出版会

WOLFHART PANNENBERG

Ethik und Ekklesiologie

監訳者序文

ここにヴォルフハルト・パネンベルクの倫理学と教会論からなる論文集の後半『現代に生きる教会の使命』を刊行することになりました。前半の『キリスト教社会倫理』を刊行したのが、一九九二年で、聖学院大学出版会の最初の出版物の一冊でした。今年度は、聖学院大学の創立二〇周年を迎えましたが、聖学院大学出版会が位置付けられている聖学院大学総合研究所も同じく創立二〇周年を迎えました。

学校法人聖学院は、大学の設置を決定した後、大学の設置の理念を検討する委員会を編成しました。すでに数多くある大学に対して新しい大学を設置する意味はどこにあるのか、どのような教育、どのような研究が必要とされているのか、など、「聖学院大学の理念」に結実した大学の理念が検討されたのです。この理念検討委員会を前身として聖学院大学総合研究所が、大学と同時に設立されました。『キリスト教社会倫理』が聖学院大学出版会の最初の出版物として、そして本書が、大学と研究所の設立二〇周年を記念して出版されることにも意味があります。

「聖学院大学の理念」の第一条に「本大学は、プロテスタント・キリスト教の精神に基づき、自由と敬虔の学風によって、真理を探究し、霊的次元の成熟を柱とした全体的な人間形成に努め、人類世界の進展に寄与せんとする者の学術研究と教育の文化共同体である」と記されてあるように、聖学院大学総合研究所は、その設立時から、「デモクラシーの研究」「自由の伝統の再検討」「市民社会と国家の役割」「グローバリゼーション」などの主題を掲げ、日本と世界の現状をトータルかつラディカルに研究する「学術研究の文化共同体」を形成することをめざしてきました（なお、この二〇年の研究成果は『聖学院大学総合研究所紀要』（一号～四四号）などにまとめられていますので、ご覧いただければ幸いです）。本書の著者パネンベルクも現代の課題と神学的に格闘するという姿勢を貫いてきた神学者であり、聖学院大学総合研究所の研究活動の問題意識を共有する神学者であると考えるからです。

聖学院大学総合研究所の二〇年を記念するとき、研究の志半ばで天に召された二人の研究者のことも思い起こします。一人は、アメリカのディサイプルス教会から派遣されていたダグラス・マイケル宣教師です。一九九三年の一月に明治学院大学の主催するシンポジウム「アジアにおけるキリスト教」で、Contemporary Christian Response to Japanese Nationalismという発表をしているときに倒れ、天に召されました。またもう一人は本書の訳者の一人である荒木忠義講師です。チュービンゲン大学の神学部で「高倉徳太郎の神学」を研究し、総合研究所で、ドイツの神学と日本の神学の比較研究をしている途上でした。一九九九年の一月に天に召される前に訳ができていましたが、出版が遅れ、荒木講師には、本書を届けることができませんでした。なお、荒木講師の訳文を深井智朗教授が完成させてくださったことをここに記して感謝したいと思います。

聖学院大学と総合研究所の二〇周年を記念して出版される本書が、種々の困難に直面している日本の諸教会の参考になることを願っています。

二〇〇九年三月

監訳者代表　大木英夫

目次

監訳者序文　大木英夫　3
序　11
教会なしのキリスト教　16
信仰の現実およびエキュメニカルな目標としての教会の一致　36
分裂した教会と共通の過去　53
教会の使徒性と普公性の理解にとっての終末論の意義　66
諸信仰告白とキリスト者の一致　104
宗教改革と教会の一致　125

エキュメニカルな職務理解
——一九七三年春の大学エキュメニカル研究所のメモランダムの意図について——……146
主の晩餐——一致のサクラメント……177
福音主義の視点から見た聖餐論の問題点
——聖餐についてのエキュメニカルな対話への寄与——……190
教会の一致と人類の一致……234
訳者あとがき　近藤勝彦　259
初出一覧

序

本書では倫理学〔『キリスト教社会倫理』として出版〕と教会論〔本訳書〕という二つの主題をめぐる諸論文を一冊に合わせているが、この結合は、次のような想定を表現している。すなわち、教会という形で宗教的な主題を制度化して取り扱うことは、倫理学の一般的諸問題との関連において、ある重要な位置を主張してよいのではないかという想定である。しかしまた逆にそれによって、教会に関する教理を事柄にふさわしく論じ、叙述することは、社会、国家、法といったものに関する倫理的な問いとのより広い関連の中に位置付けられるべきであるという考えが暗示されることになる。こうした基本的な考え方については、私はすでにThesen zur Theologie der Kirche（『教会の神学に関する諸テーゼ』）（一九七〇年、一九七四年第二版）の中で暫定的な形でその輪郭を描いておいた。それに対応した仕方で、本書は、倫理学一般に関する私の最初の論文の一つである法の神学に関する寄稿論文から始まっている。この論文は、法に関する議論が一方でキリスト論的な法の基礎付けによって規定され、他方で法哲学における自然法的端緒によって規定されていた時期に書かれたもので、それはヘーゲルの法哲学にさかのぼりながら、法の歴史的な変遷可能性に関するキリスト教的な原理を獲得しようと試みたものである。しかしその際すでに神の支配の将来の地平という形で、教会と社会の共属関係と相互区別とを視野に収めていた。

続く二つの論文は、G・エーベリンクの「倫理的なものの直接的明証性」のテーゼと対論したものであって、そこでは、倫理学はそれに先行するある現実理解に基礎付けられるべく指示されているということが重大であった。別の表現で言えば、倫理学と教養学の関係が問題であった。この主題はまた、本書のために初めて完成された研究、すなわちこれまでは未発表であったエルンスト・トレルチにおける倫理学の基礎付けに関する研究の地平をも形作っている。この研究は同時に、倫理学の原理の問題性をめぐる私自身の労苦（『神学と神の国』一九七一年、六三頁以下）の神学史的文脈を明らかに示している。今日そのような神学的倫理学の基礎付けのために、そしておそらくはまた倫理学一般の基礎付けのためにも、今世紀の初頭にW・ヘルマンとE・トレルチの間で交わされたこのテーマをめぐる論争にまでさかのぼってみることが、不可欠であると私には思われる。この両者の構想の対立の中に表現された問題状況の微妙な相違は、後の神学的倫理学の問題意識によっては、もはや手の届かないものとなり、凌駕されることがなかったことは確かである。その際、私の判断では、キリスト教的倫理学の新しい基礎付けのために稔り豊かなパースペクティヴを切り開くのは、キリスト教的な主観性の理論として魅了するヘルマンの倫理学よりも、むしろシュライエルマッハーの最高善の倫理学に結び付いたトレルチの構想のほうである。キリスト教倫理学の新しい基礎付けは、トレルチの議論に批判的に接合しながら、バルトによる倫理学と教義学の関係の逆転を考慮に入れ、個人と社会に対峙する神の将来としての神の支配の思想によって方向付けられるであろう。しかしそれは、この出発点を神中心性の要請として獲得するのでなく、善に対する倫理的問いのさまざまな哲学的解明に対する批判を媒介としながら、この出発点を獲得するのでなければならない。トレルチが社会的な諸制度の「客観的」な価値を論じた意味においてこのような倫理学をさらに詳細に遂行することは、それなしには抽象的なものにとどまってしまう個人主義的な人格の倫理のさまざまな主題に比して、さらにまさる優位を当然帰せられることになる。

本書の第一部のその他の諸論文は、例外なく、トレルチに結び付きながら発展したパースペクティヴと一致して、哲学的倫理学のさまざまな問いを取り扱ったものである。第二部の教会論をめぐる諸論文の主題は、エキュメニカルな対話において、それも主としてカトリックとプロテスタントの人々の間の対話において重大になった教会論の諸局面に集中している。そこでは、私の神学的営みとさまざまなエキュメニカルな諸施設（研究所）との結び付き、特にミュンヘンにある「エキュメニカル神学のためのカトリックならびにプロテスタント共同研究所」での長年の共同作業との結び付きが、積もりつもって形をなしている。しかしまたそこには、どのような意味で本書の枠内では教会という主題が社会的諸制度の「客観的」倫理学と結合されるかということが表現されている。社会にとっての宗教の機能については、トレルチがすでにその出発において近年の宗教社会学と類似した仕方で、その解釈のために苦心を払ってきた。信仰告白の上で分裂してきた教会も、ただ以下の限りにおいて、この社会にとっての宗教の機能を認識することができる。つまり、社会の統一を基礎付けている宗教的伝統が、これら教会の諸対立から独立して働いている限りにおいてである。しかし今日、教会が複数存在するという教会の多元性に対抗して、一つの同質的なキリスト教文化について語り得る可能性はますます乏しくなってきた。それゆえ、以下の問いが、社会の中にあって教会の新しい自己叙述を求める問いとして、いよいよ決定的な仕方で問われることになる。その問いとはすなわち、社会全体にとって宗教的基礎というものがいずれにせよ回避することのできないものだとしても、その宗教的基礎はなおキリスト教的な遺産から獲得され得るだろうかという問いである。しかしこの問いが意味深くさらに先へと問い進められるのは、ただそれが、もう一つの問い、つまりキリスト者の新しいエキュメニカルな一致を求める問いと結合されることによってのみである。なぜなら、そもそもキリスト教界が分裂したということが、宗教的な信仰告白を私事化しながら、まさに宗教と社会の関係をめぐるこの問題、つまり現在新しい鋭さをもって顕著になってきているこの「社会の宗教的基盤についての」問題を呼び込んだのだからである。

個々の論文によっては、その成立時の政治的ならびに神学的な議論状況が他の論文よりはっきりと提示されている。このことは、とりわけ「民族と人類」という講演に当てはまる。この講演の結末の部分は、一九六五年のドイツの東欧政策に関して語っているが、これはＥＫＤ〔ドイツ福音主義教会〕の東欧政策に関する覚書ができる以前のものであり、激しい反論を呼び起こしたものである。さらに一九六七年になされた平和概念に関する講演においても、類似の関連が現れている。それに対し、一九七二年になされた人類の将来と統一に関するニューヨークでの講演は、明らかにその時の会議の中心にあったテヤール・ド・シャルダンやＡ・Ｎ・ホワイトヘッドの信奉者たちとの会話と関係している。同じように、エキュメニカルな職務理解に関する論文と一致のサクラメントとしての聖餐に関する論文とは、ドイツで実際になされているエキュメニカルな議論の実情との関わりを示している。こうした専門的な問題での議論は、そのような関連付けによってまさに倫理学や教会論の問いの中で侵害を受けるのではなく、むしろ具体化されると、私には思われる。それゆえ私は、そうした関連の軌跡をあとから拭い去ろうとは努めなかった。私はむしろ読者にただ本書を読まれる際、おのおのの論文が成立した年の議論状況をあわせて考慮するようにお願いしたいのである。

ヴォルフハルト・パネンベルク

（近藤勝彦訳）

教会なしのキリスト教

キリスト者が新聞を読む際、礼拝に出席する者の数が大変少ないという記事に驚かされることがある。たとえばわれわれの社会におけるキリスト教の低迷を指摘するような記事もある。プロテスタントの場合、日曜ごとに教会に通っている信者は全体のわずか一五パーセントにすぎないのであり、ドイツの大都市のカトリックも二五パーセントとなってしまっている。この種の記事は次のような人々に新たな活力を与えてもいるのである。すなわち、われわれの教会の国民教会的な組織に基づく幼児洗礼や教会税を不誠実なものと見なし、既存の教会は心から積極的にそれに加わることを求める者たちのみが属する自由意志による教会へと移行すべきだと主張する人々である。しかし自由教会への移行を主張する人々は、七五〜八五パーセントのキリスト者が、教会には定期的には行かないが、それでも自分たちの子どもには洗礼と堅信礼を受けさせ、教会で結婚式を行い、キリスト教の葬儀を希望し、なおかつ教会税の重荷をも負おうとしているという事実を無視している。このようなキリスト者を、単にキリスト教から内的に離反している者だと決めつけるのは妥当性のないことである。もちろん個々の事例だけを見るならば、その種の教会離れが生じており、意識的になされてもいるが、教会離脱それ自体がキリスト教からの背反を必ずしも意味してはいないはずである。トゥルッ・レントルフ（Trutz Rendtorff）は、教会生活に対して一定の距離を置こうとするキリスト者を、単に「習慣キリスト者」として軽視するような見方を批判して、その著作の中で、より積極的な意味を持たせて「教会外のキリスト教」（一九六九年）という呼び方をした。つまり定期的に教会に行く者たちの敬虔さも、それが単なる習慣であり得るし、またそれは大変狭隘な心情と独善と密接に結び合っている場合さえもある。このような態度が教会に距離を置くキリスト者と比べて、よりキリスト教的であるとは言い得ないというのである。教会生活に対して距離を持っている者は、しばしば教会生活に忠実なキリスト者よりは偏見がなく、自分のキリスト者としてのあり方に関して教会的な自惚れに陥ることが少ないはずだと彼は言うのである。確かに教会生活に熱心な人々の特有の押し付けがましい敬虔さに、このような人々は拒否的になる。しかしたとえば牧師の交代によって、教会に距離を置くキリスト者が教会生活に再び興味を示す、ということも実際には起こるのである。

キリスト教の歴史の中で、教会に距離を置くキリスト教という現象は昨今のものなのだろうか。礼拝出席者の減少のゆえに、キリスト教の終焉が来るのではないかというようなことを心配する報道はそのような現象は最近のことと考えているのかもしれない。しかし少なくともキリスト教が大衆の宗教となった四世紀以来、教会のあり方にはいくつかの段階があり、「信徒の」教会への参与には、さまざまなレベルがあったはずである。中世においては、聖職者と信徒が分離され、それまで多かれ少なかれキリスト教的な生の形成に力を持っていた、信徒文化が排除されるようになった。われわれが今日よく知っている「教会外のキリスト教」という次元は、まぎれもなく近代の産物である。それにこのような教会に関わらないキリスト教の近代的な形態は、初期のキリスト教信徒のあの古い形像と同一視することはできないはずである。というのはそのような形態が生じたのは、中世キリスト教が、排他的で相互に争い合うような宗派教会へと分裂してしまった、ということと密接に関連しているからである。とりわけ一五五〇年から一六五〇年までのオランダ、フランス、ドイツとイギリスにおける、血で血を洗うような宗教戦争における争いと、自らの宗派こそが、真にキリストの教会を具現化しているのだという当時の排他的な主義主張は、多くの人たちに教会に対する不信感を与えたのである。たとえば三十年戦争の中、フリードリッヒ・ロガウ（Friedrich von Logau）は「キリストが殺害と追放によって世界を改革しようとしたのなら、彼はすべてのユダヤ人を十字架につけたであろう。彼らがキリストを十字架にかけることなしに」と述べている。さらに彼の別の格言の中には、「ルター主義、教皇主義、カルヴァン主義。この三つの信条は／現存する。しかし、キリストがどこにいるのかは疑わしい」と書かれている。容赦のない戦争、そしてそれが絶対的真理と神との絶対的交わりは自分たちだけが所有していると主張することからくるという事実が、宗派的な対立についての不信感を抱かせることになったのである。一般的には宗派戦争の結末は未決着であったために、教会間で相互の態度を疑問視するということはあったが、彼らの戦闘的な排他性に対する懐疑心が必ずしもキリスト教の拒否へとつながることはなかった。しかし諸宗派の対立は、当然のことながら近代における制度としてのキリスト教自体の信憑性に大きなダメージを与えることになったのである。

宗派戦争の未決着という結末のゆえに、近代における政治的および社会的生活は、宗派的な争いとは無関係な、新しい基礎の上に建てられなければならなくなった。このような展開は宗派的に入り交じった国々において始まり、数百年を経て、全ヨーロッパと北アメリカにおける宗教からの政治的、経済的、そして社会的生の領域の自立という帰結へと導かれたのであった。それによって宗教の問題は次第に私事化することとなった。つまり宗派的に分裂した教会は普遍性を失うことになったのである。それにもかかわらず社会と文化とは一般的にはなおキリスト教の影響の下に置かれたままであった。それどころか、新しく考案された、宗派的に中立な生活の基礎付けさえも、結局はキリスト教的諸原理から正当化されているのである。すなわちキリスト教的自由という宗教改革的認識から、寛容や信教の自由、さらにその結果としてより普遍的な市民的自由の要求とが生じたのである。人権についての近代的表現は、もちろん歴史的経験からの要請という面もあるが、キリスト教的自由という考え、そしてキリストへの信仰が与える罪からの自由という考えから生じたものである。社会的共生のために新しいそして宗派的に中立な共通基盤が必要とされ、普遍的人間論へと移行したのであるが、近代初頭においては、すでに述べたとおり、なおキリスト教的伝承の諸原理からその普遍的人間論が正当化されなければならなかったのである。しかしこの普遍性が要求するような姿、つまり自由で、寛容であり、同時に共同体に対して責任を負っているような姿は、諸教会の分裂とその後の宗派争いのゆえに、キリスト教会によって適切に代表され得なくなってしまったのである。

このような近代における宗派分裂によって、「教会外のキリスト教」が誕生したのである。このような展開は、プロテスタンティズムの文脈では、十八世紀の合理主義的啓蒙主義への諸教会の反応として、またドイツにおいては十九世紀初頭になって新たに敬虔主義的な信仰復興運動が起こり、その宗教性が支配することによって一層先鋭化することになった。つまりその結果、敬虔主義的な精神に適応できなかった人たちは、教会において支配的であった信仰の形態に窮屈さを感じ、また異質なものとして感ぜざるを得なかったのである。カトリック教会の側でもそれとは別な理由から、とりわけ司教団のヒエラルキーに基礎付けられた権威的な自己理解との争いによって、類似した発展が生じ、その傾向は近代になればなるほど浸透していったのである。

世界に対しては開かれているが、諸教会との間に距離を置き、部分的には教会から離反している「教会外のキリスト教」の視点からすれば、教会は教義の問題、特に宗派間の相違を過大視し過ぎるということになる。しかしそれでも結局はこの教会の外にあるキリスト教も、自己保持のためには諸教会に頼らざるを得ないのである。それにはさまざまな理由が挙げられる。ここではそのうちの二つの点を強調したいと思う。すなわち第一に、キリスト教の伝統を生かすという意味において、第二に、生の限界状態を克服するという意味において、教会に頼らざるを得ないことである。

一・教会は宗教教育と神学と伝道によって、キリスト教の基礎知識を伝えようとするが、教会外のキリスト者もそれなしにはキリスト教への帰属意識を持てないはずである。教会外のキリスト者たちがいくら教会生活に距離を置くと言っても、教会がその教えによってキリスト教信仰の独自性や本質的なものを維持していくことに頼らざるを得ないのである。キリスト教の教会において伝えられてきている教義に対して個人的に距離を置くということは可能であろうし、個人的にそれらの教義のいくつかに興味を持ち、自らのキリスト教理解や日々の生活の中にそれを位置付け、修正することも可能である。しかしこのような個人的な適応や強調も、教会においてキリスト教の教えが伝えられてきているという前提の下でしか可能にならないことである。今日人間の一般教養の一部として、独自な聖書の研究というようなものが存在するかどうかということは別にして、個人的に聖書を読み、研究するということでは不十分である。

教会の教義によって信仰内容が集約されたものは、聖書を読む上での手引きとして、また信徒が自分で聖書を読むという基盤に立って聖書に取り組む手掛かりとして、また、しばしばキリスト教の知識を伝達するものとしていずれにせよ必要不可欠なものである。

教会外のキリスト教は、諸教会の教義を、正しいものかあるいはそうでないかと批判的に観察しようとするならば、教会の教義に基づかざるを得ない。あるいは自らのキリスト教的アイデンティティーのために、また次の世代とのつながりという点でも、教会の教義に頼らざるを得ないのである。結局、世界に開かれ、寛容で自由であるという近代のキリスト教の不幸は、独自の制度的形態を見いだせなかったことである。そして自己の存続のためには宗派教会に頼らなければならなかったということである。しかも教会外のキリスト者は、近代キリスト者の意識の中にある宗派教会の形態と彼らに特異な分立主義との相違［を意識するが］ゆえに、キリスト教の制度的形態を持つことができないのである。しかし宗派教会が彼らのキリスト教の独特な形に対して普遍性を要求するならば、彼らはたちまち宗派間論争のようなメンタリティーに逆戻りし、まさに宗派主義的狭さと熱狂的排他性によって、教会は自らを信用するに値しないものとしてしまう可能性がある。しかし今日多くのキリスト者は――そしてその数はここ十年でかなり増加したであろうタイプのキリスト者は――、第一にキリスト者でいたいのであり、二義的な意味でプロテスタント、あるいはローマ・カトリック教会が言うようなカトリック信者でいたいと考えている。この種のキリスト者たちは、自分たちが育ってきた宗派教会に対して多かれ少なかれ忠実であり続けるが、その宗派教会の自己理解については、少なくとも特定の宗派的伝統をキリスト教の普遍妥当な制度的形態とすることについては、容認できないでいるのである。その場合でも、教会の側では、キリスト教の使信とキリスト教信仰の普遍性という問題を放棄することはできない。イエスの使信がイエスによるラディカルな要求と結び付いていたように、キリスト教信仰もすべての人間に対する普遍性の要求を抜きに理解することはできないのである。使徒パウロ以後のキリスト教伝道の歴史は、普遍的な人間の真理の確信と、それに対するキリスト教的な使信の妥当性に基づいているのであり、キリスト教神学はそのはじまりから、キリスト教的伝統の普遍性を問題にしてきたのである。キリスト教信仰の内容の諸表現は、度々変化してきたし、また変わらざるを得なかったのであるが、それは各時代において、またその時代の現実認識にキリスト教的な使信と教義が普遍性を持っているということを明確にさせるためであった。しかし今日の宗派教会は、そのような意味でのキリスト教の普遍的現実性と真実をもはや代表していないのである。宗教改革時代以来、宗派教会は、当時の言葉で言うならば「宗教的な党派」になり、ごく一部でだけお互いの信憑性を確信できるようなキリスト教になってしまったのである。このような理由から、教会外のキリスト者のほうが、現実世界をより熟知しているため、個々のケースにおいてキリスト教の普遍性という言葉が持つ真実性に、つまり公同性ということに、教会的キリスト者よりも近い、ということもあり得るのである。しかしそれはただの宗派的な狭さをキリスト教の真理と混同し、たとえば敬虔主義的罪理解と回心理解、あるいは特定の聖職者に対する形式的な権威を狂信的に信じたり、彼らの態度表明が明らかに一面的で客観的でない場合においてのことである。しかしキリスト教の普遍的人間的真理を自明なこととして受け入れ、それゆえに宗派的になってしまった自らの出身教会に距離を置くキリスト者は、それでもこの宗派教会に依存しなければならない。なぜなら、個々のキリスト者の信仰の源であるキリスト教の公な理解と伝統は、宗派教会の特異性や一面性にもかかわらず、宗派教会とは異なる制度的形態を知らないからである。

このような宗派教会の内的矛盾という状況において、主としてキリスト教信仰の普遍的人間的真理に関心があり、宗派的特殊性にはあまり関心を示さないキリスト者が、事実として神学を盟友として持つことができる。しかしそれは神学が、あらかじめ想定された権威ある立場のための単なる護教的なプロパガンダとしてではなく、忌憚のない批判と自己批判とによってキリスト教的伝統の普遍的人間的真理内容という問題と取り組んでいる限りにおいてのことである。この課題のゆえに不可避的に生じてくる、高度な神学的言語の複雑性が、残念なことに神学を専門とする以外の者が、神学における核心、つまりキリスト教における人間的な普遍性という問題を認識することを妨げることになるのである。そして神学がいくらキリスト教的伝承の普遍的真理のために努力しても、神学は宗派的教会制度に依存してしまうのである。なぜなら今日に至るまで、キリスト教はキリスト者の交わりの制度的形態として、宗派教会より結局良いものを見いだせないでいるからである。

二．これまで述べてきたことは、なぜキリスト教信仰や諸教会に対して距離を置くキリスト者の信仰が、教会とはまったく関係ない仕方で存在することができないか、という第二のより深い問題へと導くのである。それはすなわち、キリスト教信仰は共同体としての生の連関を必要とし、共同体との連関においてのみその生を発展し得るからである。このことはキリスト教がイスラエルの宗教にその起源を持つという事実によって、きわめて明瞭な仕方で認識することができる。すなわちイスラエルの神は、人間と共にある法と平和の神である。それゆえに神は一つの民の選びのために一人の人を選び、全人類のために一つの民を選んだのである。神に選ばれた民に対する平和と法によるこの神の支配の実現によって、すべての人間の共同体的な使命は実現するのであろう。というのは平和と正義とにおける人間の共生は、全政治史を通してこれまで実現されなかった社会的存在としての人間の未解決な課題であるが、個々の人間の生に対する不可侵性と完全性を保証するものである。

このことから、信仰の共同体への依存と人間の普遍性とは、イエスの神でもあられたイスラエルの神と密接に関係していることが明らかになる。神の国が近づいたというイエスの使信においても、人間のただ中における平和と正義の神が主題である。それは赦しを与え、人間と共にあるという意識を持つ神の愛が、すべての真の正義の核心である、という意味である。それゆえに、神の支配が近づいたというイエスの使信は、イエスとその使信との結び付きによる人間の共同体の形成の表出として、相互に新しく結び付けられなければならなかったし、この共同体において人間は神から与えられた使命を具現化しなければならなかったのである。イエスの聖餐においてキリスト教会の生の原則が言い表されている、というのはこのような意味においてである。すなわち個々のキリスト者とイエスとの交わりは、すべてのキリスト者の相互連帯性を基礎付けるものなのである。さらにイエスとの結び付きは、全人類との連帯を要求する。なぜならイエスの神はすべての人間にとっての唯一の神であるからである。それゆえに、キリスト教会はそのはじめから、その交わりの中で、すべての人類の代表として、愛と自由と正義の精神を担い、全人類の完成の約束を担ってきたのである。すなわちキリスト教会は、共に生きるということで、すでに世界の将来と全人類の将来の表現である神の支配を示しているのである。しかし神の支配という考えは、平和と正義によって共に生きるという人間の社会的使命のためにはあってもなくてもよいような付属品ではないはずである。むしろ聖書的・キリスト教的な認識によれば、神の支配があってこそ初めて人間の間に平和と正義とが成立するのであり、そのための必要条件なのである。人間が支配しているところでは、常に被支配者の権利が切り詰められ、平和が破壊される。すべての人間的支配に代わって神自身が支配することによってのみ、人間が共に生きることにおける平和と正義とが何の妨げもなく可能になるのである。それゆえキリスト者の交わりは、神の支配を個々の人間の生の成就の規準として宣言し、この神の支配を、赦しを与える神の愛の現実化として宣べ伝えたイエス・キリストとの交わりに根拠を持つ共同体である。

つまりキリスト教会の自己理解は、その開始以来、交わりの中に、神の国における将来のすべての人間の交わりが、今ここにも表れ出ているという考え方なのである。そしてその神の国では、平和と正義に対する人間の憧れと希望とが成就されるであろう、というものなのである。それにしても諸教会の現実はどうであろうか。本来ならば神のみが支配する場で、人間による支配だけでなく、教会の監督や教会評議員、あるいは牧師の支配が見受けられる。そして愛と正義の精神はしばしば欠落している。すなわち具体的な交わりそれ自体が欠落してしまっているのである。人々は教会の椅子で隣同士座っているが、互いのことは何も知らない。というのは人間が具体的に共に生きるという場合で考えられていることは、一般的には教会の外で、すなわち職場やレジャー、そして家庭においてなされていることだからである。せいぜい象徴的な仕方で、つまり礼拝の中で、諸教会は「人類一致のしるしと手段」としての交わりを、第二ヴァティカン公会議と一九六八年のウプサラで開催された世界教会協議会とで定義されたような仕方で言い表しているにすぎない。彼らは和解の使信を説教し、どこか遠い諸国との連帯を時には一面的に要求するが、これらの宗派教会の境界線上で相互が和解することや、数百年来の破門判決を相互に解除することや、互いが一つのキリスト教会の一つの部分教会であると認めることや、自分の教会生活の形においてより明確にそしてより明瞭にキリストの愛に基礎付けられた交わりを模索するような状況にはないのである。

諸教会のこのような状況は、一人ひとりの自覚的なキリスト者、あるいは教会外のキリスト者が、教会を自由と喜びにおける愛と平和の国である神の国の交わりの先取りと見なすことを困難なものにする。この分裂した諸教会は、それぞれの「宗派的な遺産」を養い、守ることに懸命になっており、何百年と慣れ親しんできた言葉や敬虔さや、既存の職制や利権を守ることに熱心になっているが、それらの改革と真剣に取り組み、神とキリストに根拠付けられた「人類一致のしるしと手段」として、教会を再構築する課題に目を向けようとはしていない。

分裂した諸教会の自惚れと保守化と、普遍的な神の国の先取りと自らの考えとを同一化することが原因で、このように多くの「教会外のキリスト教」が存在するのかもしれない。それによって神の国とキリストとによって新しく基礎付けられた交わりの生活に対する希望とキリスト教信仰に基づく生活との連関が薄らいでしまうのである。教会外のキリスト者だけでなく、敬虔であり、同時に正しい信仰の性格や教会生活のあり方について了解しているようなグループでさえ、今の教会を肯定できないで、多かれ少なかれキリスト教信仰を個人的な領域に自己限定しようとしているのである。このような個人主義的キリスト教が今日至るところで見られるのは、認識不足にも関わっているが、キリスト者の交わりが、この世における人間の共に生きる交わりから簡単に切り離されてはならないということを十分に理解していないこととも関連している。そしてこのような不満と認識の不足によって、つまり既存の教会生活において充たされ得ないということのゆえに、必ずしも特別に快適とはいえないであろう教会外の、あの個人主義的キリスト教へと容易に導かれてしまうのである。教会的なキリスト者は、教会の礼拝生活において少なくとも神の国におけるキリストに媒介された人間の交わりのためのシンボルを見いだし得ることによって、いわゆる「傍観者的な信者」からは区別されるのが常である。このような交わりが教会生活全体に完全に表現されないにしても、教会的キリスト者は、他の部分では教会の外のキリスト者と同じように個人主義的であったとしても、キリストにおける交わりの象徴的な現臨を礼拝において体験し得るのである。つまり教会の定期的な礼拝生活にほとんど、あるいはまったく出席しないキリスト者でも、自分の生の大きな頂点と転換点に直面して、自らをより大きな、共同体的な意味連関との結び付きのうちに理解しようとしているのである。すなわち誕生と死、幼児期から精神的に自立した存在への第一歩となるとき、あるいは結婚の際には、いつもは教会の外に立っているキリスト者も、神に根拠付けられた生活領域との象徴的結び付きを望むのである。

諸教会の責任役員たちは、自分たちの教会の多くのキリスト者が教会生活に隔たりや距離を置くことに対して、心を痛め、またそのような態度を否定する。しかしもっと熱心に教会へ通うようにということを繰り返し言うだけでは何も解決されない。役職上教会的生の形態と組織のために責任を持っているものは、教会に属さないキリスト者が生じてしまう原因を、自らの職務執行の中にこそ見いだすべきである。なぜなら、第一に、教会で責任を持つ人々が、われわれは諸教会の形態とキリストの唯一の教会の形成に対し責任を持っているのだと主張することが、かえって教会本来の本質から来る教会の改革については弱腰で、何もしないでいるというイメージを生じさせているのである。教会生活に責任を持っていることが、教会の諸改革に対して消極的であることの理由にはならない。しかしだからといって、さまざまな副次的な点について熱心に改革したとしても、われわれの社会で意識されてきたような、本質的で中心的な改革がなされないことの弁明にはならないはずである。すなわち教会は人類の一致のしるしであり手段であること、そして人間の支配ではなく、神に基礎付けられたものであり、またそのようにしてしか基礎付けられ得ないような平和と正義の共同体であるべきなのである。

このような教会の本質概念から、必然的に以下の四つ結論が導き出される。それは同時に諸教会の改革を求めるものであり、その改革の責任は教職者のみならず、個々のキリスト者が担うべきものでもある。

1．キリスト教会によって具現されるべき人間の共同体のモデルは、その一致が人為的支配によるものではなく、神の支配のみによるものであるべきだということである。すなわち、その一致は、教会監督たちが［信徒を］霊的に支配しようとして強制することや、聖職者たちが官僚主義的に支配することをも許さないのである。ただしキリスト者の共同体、そしてすべての人間的な共同体は、ただ共通の信仰の基盤に立脚したキリスト者の一致のために教職者を必要とするのである。この職制は、キリスト教会では、古典的な形態としては主教、監督という形態で形成されてきたし、キリスト者が信仰に基づく一致を得るためには、このような職制が教会生活のすべての次元において不可欠である。たとえば教区や地域教会の次元について、さらにキリスト教世界全体についてそれが必要とされている。このような教会の管轄領域によって秩序付けられ、また構成された職制なしには、教会がキリスト者の一致を完全に実現することは不可能であり、キリスト者の共同体は「人類の一致のしると手段」であることはできない。しかしこのような職制や管轄制度は、キリスト教会の歴史においては、事実上、常に他のキリスト者を支配するような仕方で、つまり、あらゆる人間の支配とは異なる、あたかも神の支配を代理するかのような教職者たちによって担われてきたのである。教会の教職者たちが、判断し表明することにおいて客観的な説得力を欠落しているときに、自らの形式的な権威を引き合いに出すところでは、大抵、神の支配であるべきことが人間の支配へとすり替えられる具体的な危険が存在しているのである。このことは個々の教会における牧師の立場にも当てはまることだし、ローマ教皇のすべての教会に対する立場についてもいえることである。そのようなわけで、聖職者の形式的な権威は、われわれが考える以上に、より強力に、より効果的に、諸教会と全キリスト教会における判断形成の過程と結び付けて［理解され］なくてはならない。ローマ・カトリック教会においてのみならずすべての教会においてそのようになされるべきである。

2. 人類の一致のためのしるしと手段とは、ただ神とキリストの支配にのみ基づいた教会の共同体のことである。キリストの生涯をその内容とした神の支配への信仰だけが、平和と正義における人間の自由な共同体を作り得るのである。［それゆえ］教会は、人間同士の間に決定的な平和と正義とが生まれ出ないような、人間の支配の交代や継承のみを意図するような純粋に政治的な運動を繰り返すだけでは、その使命を果たすことができないのである。

3. 教会は、人間が神の国における平和と正義を実現する共同体に決定的な役割を果たしていることに対して、ただ象徴的な意味を持っているにすぎない。教会は、この人類の一致を人間による人間の支配という性格を持ったこの世の権力との関係から引き出すことはできないのである。なぜなら人間同士の交わりは、そのほとんどにおいて、共通の関心事やなすべき義務は、結局何人かの個人によって作り出され、遂行され、場合によっては他の人々に対して行使されるからである。支配形態や社会秩序がどのように変わろうと、この基本的な構造は変わらない。政治的共同体ではないキリスト教会においてさえ、特定の職制が人間を霊的に支配するための手段となる危険性を絶えず持っているのである。教会は、一致の象徴として自らの象徴的な力を行使する場合においてのみ、人類の一致のための手段としての奉仕をなすことができるのである。これが、教会の生命が持っているサクラメント的性格を特徴付けるものであり、そのサクラメントの定義はアウグスティヌス的な伝統に位置付けられる。そして人類の一致に対する教会の貢献が、この一致の象徴としての教会の存在と結び付けられているように、教会の礼拝において、教会の本質が象徴的に具現化することは、教会の本質と役割にとって重要な意味を持つことになる。それゆえに、［教会は］教会の本質が可視的な仕方で集中的に表現される聖餐を、これからも、また新たに礼拝生活の中心として見いだしていくことが重要なのである。そしてそれによって教会の礼拝は、人類の一致を視野に入れた、その現臨のための象徴としての自らの礼拝を再獲得することになるであろう。プロテスタント教会においては、とりわけドイツの教会においては、礼拝生活の中で聖餐の位置が周辺化されてしまったのである。そのことによって、教会、とりわけ礼拝の象徴的な役割が希薄になり、不明瞭なものとなってしまったのだということに注意を払わねばならないであろう。

4．［教会が］人類の一致のためのしるしと手段であるという教会の自己理解には、キリスト教的教え、キリスト教教義のとらえ直しという要求が含まれている。［というのは］教会の教義の内容には、神の支配の下で人類が一致することを実現するようにめざすとは規定していないし、そのためにキリスト教共同体がある役割を果たすべきであるということはどこにも明らかにされてはいないのである。この点でキリスト教教義の先鋭化ととらえ直しは、神学者たちの仕事に対してのみならず、諸教会の公式な見解に対しても明らかに役立つものである。今日の人類が直面している普遍的な生活の問題に対してキリスト教信仰とキリスト教共同体が貢献できることが、より明瞭に、そしてより納得のいく仕方で表現されるようになるであろう。つまり諸教会においてさまざまな仕方でなされている、伝統的な教義の定式化に代わるものとなるであろう。このような仕方でキリスト教の教えをとらえ直すことによって、過去の時代から続いている宗派間における教義の争いをも決定的な仕方で克服することが可能になるであろう。今日の教会はこの点に教会を分裂させるような意味を持たせてはならないのである。なぜならそれはキリスト教信仰の究極的基盤から必然的に出てきた分裂ではないし、ここ数年間のエキュメニカルな神学者会議において、さまざまな仕方でそのような現状が確認されてきたのである。しかしこのような否定的な確認は、キリスト教信仰の本質的な内容を新しく、そして共に補うことを必要としているのである。そのような道筋を経て初めて、キリスト教会の分裂は決定的に克服され得るであろう。そしてその出発点として、第二ヴァティカン公会議と一九六八年のウプサラで開催された世界教会協議会の会議でなされた、教会の本質についての類似した表現をここで取り上げれば十分であろう。

キリスト教に見られる教会分裂の克服は、キリスト教が人類の一致のためのシンボルとなるための必要不可欠な前提である。宗派間の対立を克服することなしに、第二ヴァティカン公会議と一九六八年のウプサラでの世界教会協議会が教会の本質について一致して表明した事柄を実現することはできない。確かに、教会についてそこで述べられたような本質は、現在どこにおいてもまだ完全な仕方で見いだすことはできていない。そして教会の本質はしばしば変形され、キリストの教会の一般的な普遍性、つまり真の公同性は、われわれの間では分裂と相互による破門と、その和解がいまだなされていないということによって、「教会の本質の」見分けがつかないほどになってしまってもいる。ここに今世紀におけるキリスト教会の最も重要な仕事がある。この問題の解決には共通の聖餐ということを、諸教会が相互に認知しなければ、他のどのような教会生活の改革も効力を失うであろう。

これまで見てきたとおり、教会外のキリスト教という現代的現象は、第一に、「教会が」キリストの唯一の教会を具現化しているといいながら、互いの主義主張によって相手を排除し宗派的に分裂してしまった信用に値しない諸教会の姿から生じているのである。今日、宗派教会が信用に値しないという問題は、宗派対立の克服によってのみ、つまり、キリストの唯一の教会のひとつの枝として、諸教会が相互に認知し合うことによってのみ解決が可能になる。もちろんこれによって、すべての問題が解決されたというわけではない。しかしすべての人間の生の次元において、一致したキリスト教会が自らを人類の一致のためのしるしと手段として表現すればするほど、キリスト教会の普遍性との関連に左右されやすいキリスト者を、教会の外に立たせる可能性は減少するはずである。なぜなら、われわれが生きているこの世界は、経済的な必然性や利害関係、あるいは政治的な支配理論とそのスローガンにだけ根ざしたものであるだけではなく、すべての人間を包括する連帯性というより深い基礎構造を必要としているし、少なくともその象徴的な現実を必要としているからである。

（荒木忠義訳）

信仰の現実およびエキュメニカルな目標としての教会の一致

今世紀のエキュメニカル運動は、キリスト教の分裂が耐え難いものであるという新たに生じた痛切な意識から成立した。この経験は、西洋世界が自分自身の分裂を、この悲しむべき罪深い歴史にまったく無縁な他の国民とその若い教会に植え付けてきた宣教の場面で、特に切迫したものになった。そしてこの経験から、分裂した教会の対話と協力によってキリスト者の一致を作り出そうという強い衝迫が生まれた。しかしその場合、キリスト者の一致は善意ある人間の努力目標にすぎぬものではない。むしろ、この努力そのものがいかなる失望にもかかわらずその力と確信を引き出すのは、特に遅々たる統一過程の進行に直面して忍耐の力をも引き出すのは、イエス・キリストにおいてキリスト者の一致がすでに現存するという事実による。唯一の主への信仰と、洗礼と聖餐による主への共同の関与によって、すべてのキリスト者はすでに一つにされている。各自がキリストに関与する限り、彼はまたキリストにおいて他のすべてのキリスト者と一つにされ、一つのキリストのからだとなっている。ルター派の信仰理解は信仰を信頼による自己放棄、自己自身ではなくキリストにおける自己確立であると主張するが、そのように理解された信仰は信仰者を実在的にキリストに結合するゆえに、このことは信仰において成り立つ。洗礼によってすべてのキリスト者はキリストの死に結び付けられ、したがって彼の復活の生命にもあずかる希望を与えられるがゆえに、このことは洗礼においても成り立つ。しかし、すべてのキリスト者のキリストにおける一致は主の晩餐のサクラメントすなわち聖餐によって最も明瞭に現される。聖餐について第二ヴァティカン公会議はその「エキュメニズム宣言」において正当にも、教会の一致は聖餐によって表示され実現されると述べている（「エキュメニズムに関する教令」n. 2)。

したがって一致は、すべての人間的努力に先立ちすでにキリスト者がキリスト者であるという単純な事実によって、すなわち各自がイエス・キリストに結び付くことによって与えられている。そしてこのキリストにおいて基礎付けられ成立するキリスト者の一致は、われわれキリスト者が礼拝において使徒信条やニカイア信条の言葉によって繰り返し告白する共同体、つまり唯一の聖なる公同の使徒的教会に他ならない。それゆえエキュメニカルな努力において実際に問題となるのは、キリスト者の再一致であるが、その再一致はキリスト教会分裂以前の状態への復帰を意味するのみならず、キリスト信仰の中にすでに現存しわれわれのキリスト者としての存在を構成する一致への回心を一層強く意味する。Redintegratio unitatis（レドゥインテグラティオ・ウニターティス、一致の回復）――すなわち悔い改め、イエス・キリスト自身への回心である。

イエス・キリストにおいて与えられたキリスト者の一致の光によって見るとき、キリスト教の分裂の事実は、キリスト教の同一性つまり個々のキリスト者のキリスト者としての存在を疑わしくさせる脱落であり脱線であり、分裂した教会がキリストの教会であるという主張を信じ難いものにする脱落であり脱線であると判断せざるを得ない。近代の歴史の経過の中できわめて多くの人が教会から離れていったこと、つまり公的生活においてもおそらくまた私的生活においても広く進行する脱キリスト教化は、自分たちこそ唯一の教会であると主張して互いに排斥しあう教会に対する不信から来るまったく具体的な結果と見なさねばならない。近代の世俗化がキリスト教からの疎外という形態を採ったことは、教会に対する外的運命ではなく、一致に反対する教会自身の罪の結果であり、十六世紀の教会分裂および十六、十七世紀の決着しない宗教戦争の結果である。なぜなら対立する教会の入り交じった地域に住む人々には、彼らの共同生活をいずれの教会にも関わらない共通の基礎の上に新たに築く以外の選択は残されていなかったからである。教会は教会からの離反それればかりかキリスト教そのものからの離反の進行という歴史的経験によって、自ら悔い改めの呼び掛けを聞くべきであろう。使徒パウロがコリント教会の人に対し彼らの分派闘争に直面して「キリストは、いくつにも分けられたのか」(Iコリント一・一三)と問うとき、彼にとってこのような状態が不可能であることは確実であり、それゆえこの問いの答え「キリストは分けられ得ない」を省いている。どれほどの驚愕をもってパウロは、互いに排斥しあう教会へとキリスト者が分裂していくのを見たことであろうか。またパウロは、キリスト者および責任ある聖職者たちがこの分裂の事実によってもあまり動揺せず、まして分裂の歴史的結果によって彼らの独善と安逸が神ご自身から問われていると感じることもなく、自己満足に陥っているのを見て、どれほど困惑したことであろうか。

キリスト者の一致を、不可視の、この邪悪な世界においては隠された、それゆえこの世のキリスト教の分裂によっては少しもそこなわれ得ないような、信仰の現実としての唯一の教会の中に認めるだけでは、まったく不十分である。この教会の不可視性の教説が真理契機を持つのは、現存の教会の現実を凌駕する偉大な包括的なキリストにある一致を知ることにより、この偉大な一致を明瞭にしようとする努力がなされる場合だけである。したがって一九六一年のニューデリー世界教会会議はこのように表明した。見えない、イエス・キリストの中に隠された一致は、至るところですべてのキリスト者が「聖霊によって完全に結ばれた交わりへと導かれることにより」、見えるものにならねばならない。それがなされない場合、それは不信仰と聖霊の働きに対する反抗の表現と見なされねばならない。キリスト信者におけるキリストの一致の不可視性に安住する信仰とは、いかに無力なものであろうか。唯一の教会の不可視性の教説は、遺憾ながら、そのような自足やキリスト教会の分裂に直面した教会の怠惰と安逸との正当化のために少なからず誤用されてきた。しかしさらに言っておかねばならないが、教会の可視性の告白も自己満足的安逸の正当化のために誤用され得る。たとえば、部分教会が自らを何の遠慮もなく排他的に信仰の教会と絶対的に同一であると見なしたならば、どうなるであろうか。この形の自己正当化もキリスト教会の分裂の歴史のあらゆる面に存在していた。

第二ヴァティカン公会議における真正なキリスト教的霊性の頂点の一つは、ローマ・カトリック教会自らを含め、全教会がキリスト教の分裂に責任があるという告白であり（「エキュメニズムに関する教令」II、七）、それに関連して、（もちろんきわめて控え目ではあるが）キリスト教の分裂状態の事実により自らの普公性の表現および表現形態もそこなわれているとの確認であった（同上書I、四）。現存の分裂に対する全教会共通の罪責の告白は、プロテスタントの側においては、遺憾ながら、指導的プロテスタントの教職による同様の公式の厳粛な宣言としては表明されていない。また一九七三年七月の教会の奥義 Mysterium Ecclesiae（ミュステリウム・エクレシアエ）に関するローマ信仰会議の記録の中にも、キリスト教の一致問題にとって根本的な意味を持つ公会議の洞察は遺憾ながら見当たらない。すべてのキリスト教会はキリスト教の分裂に対する共通の罪責を共に告白し、この分裂の結果に対する共通の責任を共に認めねばならない。そのような罪責の告白なくして回心への力は見いだされ得ない。しかし逆に、絶えざる回心が伴わねば罪責の告白は無力のままである。そして真剣に悔い改めを考えるならば、いつまでもそのままにしておくことはできないであろう。

両教会の教職者から最近しばしば、キリスト教の一致問題は性急に論じるべきではないという議論がなされる。近年驚くほど多くのことがすでに成し遂げられているのだからといわれる。確かにそれは正しい。キリスト教の一致問題は、キリスト者の相互理解の過程において、他の集団がそう考えるほど速くは進んでいない集団を排除するという新たな分裂によっては解決されないことは確かである。また相互理解と共同作業における前進を感謝せずには、すでに達成されたものも再び危機にさらされ得るであろう。しかしながらエキュメニカルな発展の休止、共同作業と相互理解の過程の人為的な遅延は、そのようなことを考慮しても正当化され得ない。プロテスタントの教職者が日々明瞭に意識すべきことは、プロテスタントという特別な教会の成立は宗教改革の成功の結果ではなく、失敗の表現であり、また宗教改革者がめざしたものはキリスト教全体の改革以外の何物でもなかったということである。そしてキリスト教会のすべての教職者たちが強く自覚すべきことは、彼らが自らの教会共同体の成員のみならず全キリスト者の一致に特別な責任を負うということである。

今日いわゆるエキュメニカルな「熱狂」が冷静な態度で観察され、全キリスト者の再一致がその実現にはなお多くの時間を必要とする目標と見なされる場合、キリスト教の分裂状態の範囲が自己の教会の同一性に比してしばしば過小評価されていると思われる。全キリスト者の一致は教会の存在に対する確かに望ましいが非常時にはなくても済ませる付加物ではなく、古代キリスト教のドグマに従えば、この一致が使徒性と普公性とともに主によって聖とされた教会共同体の固有の存在と本質を構成する。しかしこれが意味することは、教会の一致が実現していない場合には教会それ自体の存在が問題視されるということである。教会が互いに排除しあう教会共同体に分裂しているとき、教会は――第二ヴァティカン公会議および一九六八年のウプサラ世界教会会議の定式に従って――「人類の一致のしるしにして手段」であるはずがあろうか。イエス・キリストの教会であるという主張は、分離した教会およびその教職の口から出るとき疑わしくなる。この問題は今日の状況下では以前にも増して切迫したものになっている。なぜなら分離した教会はかつての異なる教会の成員を今日ではキリスト者であると認めるからである。数世紀前、今日の分離した教会が相互に呪詛の宣告を下しあっていたとき（この宣告は形式的には今日でも廃棄されていないが）、それぞれの教会は少なくとも自らを唯一の真のキリストの教会であると理解することができた。異端者は自らをこの教会から分離したが、それは自らをキリストのからだから分離することであった。今日では事態は正規のカトリックの教説によっても異なっている。すなわち、ローマから分離したキリスト者もまたキリストのからだに属するキリストの弟子と認められる。しかしそれとともに、教会をキリストの教会と同一視するにはキリストのすべての弟子がその共同体において一つになることが不可欠ではないか、という問いが提起される。すべてのキリスト者が教会において一致されない限り、教会は古代教会の信仰告白の意味で完全に実現しているといえないのではないか。

第二ヴァティカン公会議はその「教会憲章」（I、八）においても「エキュメニズム宣言」（「エキュメニズムに関する教令」I、四）においても、唯一のキリストの教会はローマ・カトリック教会の中に「存立する」と宣言する。この定式化は以前のローマ・カトリック教会のその教会的同一性に関する言明より明らかに控え目である。この定式化は、教会的排他性の要求を放棄することによって、異なる教会との理解の可能性およびそれらの教会の保持する「真理の要素」による補充の可能性を(「教会憲章」I、八)、しかしそうすることによって同時に一致と普公性のより完全な実現の可能性を、自らの教会に残しておくものと思われる。唯一のキリストの教会のカトリック教会における存立という定式は、一九七三年「教会の奥義」によって、まず何よりも唯一のキリストの教会が実現されねばならないという見解に対抗して、承認された。実際、唯一のキリストの教会は見える形ではまだまったく実存せず、完全に不可視的であり、それゆえまず可視的なものにされねばならない、と主張することはできない。しかしキリストの教会の可視性は、今日の諸宗派教会のいずれにおいても、きわめてそこなわれた形で実現されているにすぎない。なぜなら、いかなる教会もその教会がキリストの弟子として承認する人々のすべてを自らのうちに一致させていないからである。ところでこのような状況であるから、今日の諸宗派教会におけるキリストの教会の可視性の度合いは、何よりも、すべてのキリスト者を包括する一つの共同体におけるキリストの教会の普公性のさらに大きく包括的な実現をめざす方向にそれらの教会がどれほど開放的であるかにかかっている。そのような共同体においては今日なおも排斥しあっている宗派教会は、さらに包括的な真のカトリック教会の部分教会として存在し得るであろう。福音主義のキリスト者が、今日のカトリック教会における唯一のキリストの教会の存立というヴァティカンの定式に賛成し得るのは、この定式が公会議の記録では排他的に完全な同一性を主張しているとは思われないという理由による。福音主義のキリスト者はもちろん、唯一のキリストの教会は他の今日の教会においても存立すると付け加えるであろう。もっとも種々の教会には、キリストの救済の奥義を自己のうちに保持し実現している完全性と純粋性の度合いによって差異があるであろう。カトリック教会は、唯一のキリストの教会の今日の分離した教会における多様な存立というこの主張を認め得るであろうか。また福音主義のキリスト者にとっても彼がこの主張をなし得るためには、教会の可視性をプロテスタント的聖書神学の意味する教理の純粋性のうちにのみ確認するというプロテスタント本来の教会概念の排他性と偏狭性を乗り越えねばならない。今日の分離した教会におけるキリストの教会の多様な、完全性の度合いにおいては段階的な存立という主張なしには、結局それは今日存在する教会をそのまま唯一の教会とする排他的な主張にとどまるであろう。もちろんこれらの教会のうちには真理の火花が集められているであろうが、外に向かっては消えてしまう。しかもそのような排他的立場は、今日の分離した教会のエキュメニカルな状況に通用しない。今日の分離した教会の相互承認という道においてのみ、イエス・キリストの教会の一致と普公性のより完全な実現が可能である。その場合には今日のローマ・カトリック教会の持つ教理、礼拝生活、制度面における豊かなキリスト教的遺産は、新しい仕方で全キリスト教界にとって実り豊かなものとなり得るであろう。

したがって、そこなわれた形であっても今日の分離した宗派教会における唯一のキリストの教会の可視性は肯定されねばならない。この可視性は、キリストの救済の奥義の保持と表現の完全性と純粋性の度合いによって、多様であり得る。しかしいずれにせよ、キリストの救済の奥義とキリストの教会との可視性が存在し得るのは、すべてのキリスト者のより大きな一致を求める努力が生きている場合だけである。なぜならそのような努力がない場合、教会は分派になり、キリストのからだの全体から自らを分離する異端になるからである。それゆえ教会の指導的教職者がエキュメニカル運動について、すべてのキリスト者の一致は猶予され得るものであるかのような発言をするのは、驚くべきことである。そのようなことを語ろうとする者の権威は、すなわちキリストの教会の教職者としての彼の固有の権威は、疑わしいものとなろう。実に教会の教職は、教会生活のあらゆる局面において、教会の一致に特別の責任を負うものである。とりわけ教会における監督職の形成の実質的正当性は、監督職が教会における一致に関わる職務の古典的形態であるという点に存するといえるであろう。この一致とは、彼に託された信者と使徒的伝統との一致およびこの伝統に基づく信者相互の一致であり、さらにまた彼自身の教団と他のすべてのキリスト教団との同じ使徒的信仰における一致である。教会に対する監督職の中心的意味は、使徒時代にまでさかのぼるその歴史的連続性の証明には依存しない。そのような証明には周知のように紀元一、二世紀にはかなりの歴史的困難さが立ちはだかっている。しかしキリスト者の一致を使徒的信仰において、それゆえイエス・キリスト自身において保持する課題は、キリスト教の初めから存在した。そして教会における監督職の成立は、この課題の制度的認識の古典的表現として十分に正当化される。この課題は少なくとも潜在的にはプロテスタント教会によっても認められていた。もちろんプロテスタントの信仰告白書においては説教の任務とサクラメントの執行が教会の職務に関する記述の全面に出ているとはいえ、純粋な教理と正当なサクラメントの執行という課題には、同時に教団の成員をこの唯一の使徒的教説およびキリストの奥義の一致のうちに保持することも常に含まれているからである。キリスト者の一致を保持するという委託は、イエス・キリスト自身による教会の一致という基礎付けへの機能的対応として監督職を認めるが、この委託がキリストにふさわしい仕方で認められるのは、キリスト者のある限られた共同体に対する配慮の中で――それが個別的、地域的、あるいは超地域的レベルのものであろうと――同時にこの委託がすべてのキリスト者に向けられる、すなわち委託された教団と豊富な使徒的遺産との一致および全キリスト教界との一致に向けられる場合だけである。それゆえ教会の職務にはあらゆるレベルにおいてすべてのキリスト者の一致への配慮が、すなわち監督職の公会議的側面が伴う。それゆえ今日のキリスト教の状況において、分離した教会のおのおのの教職者すべてはその行動において同時に自己の教会以外のキリスト者に対しても責任があることを知るべきであろう。自己の教会から分離したキリスト者の積極的貢献やその特別な精神性を絶えず考慮することにより、今日の分離した教会のおのおのの教職者は自らの決断や宣言や行動に今日まだ一般化していない（公会議的）普公性という形態を与え得るであろう。自己の教会から分離したキリスト者へのそのような不断の考慮こそが、すべてのキリスト者を指導するというキリスト教界最高の指導的職務の担い手に望まれるべきものであろう。

そのようなキリスト教界全体の最高の指導的職務が望まれること、おそらく必要でさえあることは、キリスト者の一致を保持するという委託がまさに教会的職務にとって本質的意味を持つことが洞察されれば、エキュメニカルな議論において直ちに理解される。この視点を教職理解の中心に据えたこと、それにより監督職および教皇制の教会に対する重要性の議論の口火を切ったことが、一九七三年春になされたエキュメニカルな大学研究所の教職に関する覚書——これは反論されさまざまに誤解されたが——は重要な貢献の一つであると思われる。キリスト教の一致の問題はその権限を課せられた職務によってキリスト教の生の全領域で——個別的、地域的、さらには超地域的、そして全キリスト教的レベルで——認知される必要がある。全キリスト教界はまた、その一致のために特別の権限を課せられ、ある条件の下で全キリスト教界の名において宣言し行動する権能を持つ一つの職務を必要とする。

それがすべてのキリスト者にとっていかに良きことを意味し得るかを、われわれの世代のキリスト者はローマ・カトリック教会の限界をはるかに越えたヨハネス二三世のカリスマ的人格において体験した。彼はさまざまの状況において事実上すべてのキリスト者の代弁者として行動した。しかし、いかにしてこの人物のカリスマ的行動にすべてのキリスト者の一致に関わる最高の職務という制度的形態を与え得るか。

福音主義的キリスト者はローマから分離した他のすべてのキリスト者と同様に、今日キリスト教の一致に関するそのような職務を欠いている。この点で福音主義的キリスト者は——第二ヴァティカン公会議が正当にも述べたように――キリストの教会に本質的に属するものを欠いている、――実にこのことをこそプロテスタント教会は今日なされているよりも一層明瞭に意識しなければならない。そのためにまず必要なことは、教会的職務一般の独自性および教会の一致に対するその意味をより明らかにすることである。「アウグスブルク信仰告白」はその第七条で、教会の一致のためには福音と聖礼典の執行に関する一致があれば十分である（satis est サティス・エスト）、と言明した。この言明は、福音主義的信仰告白においても事実上言及されているキリスト者の一致に対する教会的職務の責任を考慮すれば、次のように拡張されねばならない。すなわち、教会の一致のためには、教会生活のあらゆるレベルにおいてキリスト者の一致に責任を負う職務が了解されることもまた必須である。そしてそのような職務が教会生活のあらゆるレベルで必須であるとすれば、それはまたキリスト教界全体のレベルにおいても必須である。

周知のようにローマ・カトリック教会は、そのような職務がローマの監督職において成立する君合国としてすでに存在すると主張する。すべてのキリスト者の一致に責任を負う職務がキリスト教界全体のレベルにおいて望ましくかつ必要であることが一度洞察されるならば、この主張は簡単には拒否されないであろう。教皇制の問題に関するプロテスタント的過敏さは歴史的経験に徴して十分理解できるとはいえ、この過敏さのゆえにローマの監督のこの主張についての実質的考察をいつまでも妨げるべきではないであろう。まずこの主張の言質を取ることのほうがはるかに良くまた発展的であると思う。すなわち、キリスト教界全体の一致のために特別の権限を持つ部局がローマの監督の組織のうちにすでに存在するからには、分離した教会の一致ということが教皇の第一の最緊急の関心事であるはずではないか。教皇はそのすべての決断と裁可において、現在カトリックと自称する教会とその会員を使徒の信仰のうちに保持することをのみ配慮するのでなく、今日なおローマから分離しているキリスト者の困窮と問題を、しかしまた可能な積極的貢献をも、考慮せねばならないのではないか。教皇はすべてのキリスト者の問題を、したがってローマから分離したキリスト者の問題をも引き受けること、そしてすべてのキリスト者を拘束するキリストにある共同体を自らの行動において明瞭に示すべきことが、あらゆる機会にそしてまったき開放性をもって明らかになるとすれば、キリスト教の一致の問題のために多くのことが、おそらく決定的なことが獲得されたことになろう。どこまでローマの監督が、今日のローマ・カトリック教会の限界を越えて、今日のキリスト教の生に対する他の教会の問題性や精神性や可能な貢献を自らの思索と決意の中に取り入れて表現するか、その程度に応じて全キリスト教界の代表者であるという彼の主張は今日のローマ・カトリック教会外でも信頼性を獲得し得るであろう。ヨハネス二三世の実例は、このような方向にどれほどの可能性が開かれているかを示している。

他の教会の積極的貢献を認めるとは、まず第一に、これらの教会の独自性を拡大されたカトリック的自己理解の中に包含するという意味でなければならないであろう。しかしまた、これらの教会もカトリック的伝統の富を、たとえば礼拝生活に対する聖餐式あるいは教会共同体の形成に対する監督職の持つ中心的意味を、再発見しわが物とすべきであろう。この方向で両教会にはなおなすべき多くのことがあるが、第二ヴァティカン公会議以降すでに多くのことが、いわゆる基礎部分すなわち教会生活においても、そしてまた神学的対話においても、なされてきている。

第二に、キリスト教の一致問題の切迫性が要求することは、ローマから分離した教会とローマ・カトリック教会とが、すでに両者の間に存する共通性の確認を目標として、また過去数世紀から今日まで存在する相互呪詛の正式な廃棄により、キリストの教会としての相互承認が可能であるかどうか、またいかなる前提の下で可能であるかの吟味を目標として、いずれにせよ現在の教会相互の関係のために、公式の交渉を開始することである。第二ヴァティカン公会議によって望まれ奨励された神学者たちの未解決の教理的対立に関する議論は過去十年間にきわめて大きな前進を見たので、これからは教会指導部による公式の交渉のための地盤が広範に用意されている。キリスト教の分裂の克服における決定的前進のためには、当然にもそのような交渉が不可欠である。しかしそのための先導をなし得るのはローマの監督のみである。またそのような先導をなすならば、教皇はその職務がすべてのキリスト者の一致にとって普遍的権限を持つという主張をキリスト教界の今日的状況にふさわしい形で表現することになろう。ローマ・カトリック教会がローマから分離した教会のそのような承認の前提と条件を明示することがすでに、公式の交渉実現の準備のための重要な一歩であろう。なぜなら、これらの教会がその歴史的独自性を放棄して今日のローマ・カトリック教会の教義的、典礼的、法的形態を単純に受け入れることなど、到底期待できないからである。そのような仕方ではすべてのキリスト者の再一致は達成不可能であるが、このことが全面的に承認され得るとすれば、その場合問われることは、いかなる前提と条件の下でローマ・カトリック教会はこの状況に対応する自己本来の歩みをなそうとするかということである。この点についてはエキュメニカルな議論は今日まだ暗中模索の状態である。

第三に、教会の公式の交渉において明らかにされねばならないことは、教会の相互関係におけるキリストの教会の一致は将来どのような形式において表現されるべきかということであろう。その際問題になるのは、教会の職務の相互承認を前提とする共同聖餐式だけではない。また教職者の共同作業のための基盤が個別教会の、地域教会の、超地域教会のレベルに応じて作り出されねばならない。そして最後に全キリスト教界に権限を持つ職務の問いについての了解が求められねばならない。そのような了解の出発点はおそらく、ラテン教会の首長としての教皇の権限とキリスト教界全体に対する彼の普遍的監督職との区別を新たに適用することであろう。この区別についてはここ十年間、さまざまな神学論文において論じられてきた。すなわち、今日のローマ・カトリック教会に対する教皇の権限はこのような仕方では、すべてのキリスト者に対する権限とは区別され得るであろう。そしてこの権限の形態と条件については、なお教会間の交渉の対象でなければならない。

第四に、そのような交渉は、プロテスタント教会と正教会というローマから分離した教会も同等の権利を持って参加する新しいエキュメニカルな公会議を準備するものでなければならない。公会議のみが、すべての教会を拘束する形態におけるキリスト教会の新しい「団体的」一致（Tenhumberg テンフムベルク監督）の基礎を明らかにし得る。すべてのキリスト者の祈りはそのような公会議の実現に向けられねばならない。その間、種々のなお分離している教会は、自己固有の形態、自己固有の礼拝生活、自己固有の信仰意識をさらに深め、すべてのキリスト者の唯一の主であるキリストとの結合をさらに強めて、自己固有の生において公会議開催能力を獲得するための機会を与えられている。それは、聖霊の交わりにおいて共同の公会議に参集する能力である。

（清水　正訳）

分裂した教会と共通の過去

分裂した教会が共通の過去に関わっていくことには、どういう意味があるであろうか。教会の一致をめぐる努力は現在という時期に限られる必要はない。現在の分裂した教会を理解するという課題にとっては、今日の教会の分裂の背後に存在するその分裂の歴史を理解すると同時に、この教会の将来の課題を理解することが必要である。今日の教会の過去には分裂に導いた諸原因が存在している。しかし、果たして、この過去には現在の分裂を克服し得る力の源泉は存在したのだろうか。そのように考えることは、そう簡単にはできない。なるほど教会には今日の分裂状態に先立って長い共通性の時期が存在したことは議論の余地のないことではあるが、しかしその一致の時代を取り戻すことはもはや不可能である。というのも、分裂の時代にはさらに分裂を増大させた新しい諸問題が登場したからであり、われわれはそれ以前の時代に立ち帰るなどということはもはや簡単にはできないからである。

確かに、どんな教会も初代キリスト教会へと自らを向かわせるという動機を有している。しかし、そのような動機は多くの場合、古代教会は分裂してはいなかったという理由から、出てきているわけではない。今日存在している分裂の多くがその当時はまだ現出してはいなかったとしても、最初の数世紀においてすでに繰り返し分裂騒ぎはあったわけであり、そのことは古代キリスト教の一致した教会という理想化された像を疑わしいものにする。最初の数世紀の教会に対する関心にそのような理想化は必要ない。むしろ、その関心が豊かに動機付けられるのは、今日の教会のキリスト教的自己同一性を問う問いからである。今日の教会は、使徒時代から存続してきたキリスト教会と依然として同一であろうか。確かに、もしそのような歴史的連続性がなかったとしたら、使徒の伝道の働きから生まれ出た一つの信仰共同体としてのキリスト教会の今日的理解はほとんど不可能である。教会の一致ということで重要なのは、今日の諸教会の関係ばかりではなく、それら教会のキリスト教の起源に対する、またこの起源から出発した歴史に対する関係であり、ある意味では、その関係こそが重要である。にもかかわらず、使徒的起源と初代キリスト教会とにさかのぼるその関係においてもまた、今日の教会の対立は顕著でもあるのである。なぜなら、今日の諸教会の中のどの教会も、自らこそがキリスト教的端緒の真正な継承体であると理解し、他の教会の中には使徒的起源からの、またこの起源に適合したキリスト者たちの教会からの、逸脱しか見ないからである。分裂した諸教会の共通の過去への関係の問題は、そういうわけで、まずとりあえずは古代教会の遺産をめぐる論争として取り扱わねばならない。

そのことは、宗教改革者たちおよび彼らの教会の、古代教会に対する、特に古代教会における教会諸会議や諸信条に対する関係を示すことによって、例証されるであろう。ルターは確かにいかなる教理審議の会議も無謬とは考えなかったし、教会教父や古代教会の諸会議を福音の教理（doctrina evangelii）に対する彼自身の認識の尺度において判断するという自由を要求した。にもかかわらず、事実としては（de facto）、古代教会の三つの信条、特に使徒信条は福音の適切で簡潔な要約を述べている、という考えを持っていた。そして、ニカイア信条およびカルケドン信条については、彼が一五三七年に「シュマルカルデン条項」（ワイマール版『ルター全集』WA 50, 197f.）に記しているとおり、これらは「神の尊厳に関する崇高な条項」であり、「いかなる議論も論争も寄せつけない」ものである、という理解であった。これら古代教会の教理に対して、ルターにおいては彼の時代に論争された「われらの救い」の教理は簡単に補完したり付加したりすることはなかったし、むしろ、キリスト両性論はルターにとっては義認論を解く鍵であった。それは彼にとって「十字架の教理と義認の教理との最も強力な表現」とさえなったのである。(1) メランヒトンは最初はその［福音と諸信条との］連関をいささか狭量に見ていた。しかし、一五三〇年の「アウグスブルク信仰告白」では、その第一箇条においてルター派の神論のためにニカイア信条を引き合いに出し、第三箇条においてキリスト論的証言のために使徒信条を引き合いに出している。そのことは国法上、プロテスタントたちにとって大きな意義を持った。というのは、それらの信仰箇条は基本的にはカトリックの信仰の基盤に立つかのように見せかけていたし、古代教会の異端法には抵触していなかったからである。一五三九年以来、メランヒトンは三つの古代信条および最初の四つの教会会議の意義をなおさら強調するようになった。一五四五年に、いわゆるヴィッテンベルク宗教改革において――つまり、ローマ教会との討論に対する評価において――彼は次のように述べている。すなわち、「アウグスブルク信仰告白」の教えは「使徒信条、ニカイア信条、古代の聖なる教会会議、そして初代の純粋な教会の理解と一致して」いる（[Corpus Reformatorum : Opera Melanchthonis] CR 5, 582）、と。同様の表現は一五四六年の「ヴィッテンベルク大学学則」にも見受けられる。ちょうどこのころ、カルヴァンもまた彼の一五四三年の『キリスト教綱要』第二版において、力を込めて最初の四つの教会会議の教理に対する信仰告白を行った。そこでは次のようにいわれている。すなわち、「このようにして、たとえば、古代のニカイア、コンスタンティノポリス、第一回エペソ、カルケドン、およびそれと同種の諸会議は、誤謬を抑制するために開かれたものであるから、信仰の教義に関する限りでは、われわれは喜んで受けいれ、神聖不可侵なものとして尊敬するのである。なぜなら、そこには、聖書の純粋な、本来的な解釈以外の何ものも含まれていないからである。聖なる教父たちは、霊的な洞察をもって、当時起こって来たキリスト教の敵対者を打ち砕くべく、この解釈を適用したのである」（CR 30, 862［渡辺信夫訳『キリスト教綱要』第四篇、第九章］）。すでに一五三六年の第一版でもカルヴァンは同様に使徒信条の意義を次のように高揚していた。すなわち、使徒信条は「公同の教会が同意している信仰の、ごく短い集成また抜萃」（CR 29, 56 ［久米あつみ訳「キリスト教綱要（初版）」（一五三六年）『宗教改革著作集』9カルヴァンとその周辺Ⅰ、七七頁］）である、と。

メランヒトンにおいてもカルヴァンにおいても、古代教会の福音の教理との事実的一致ということが聖書解釈上の根本的な指導性としての意義を獲得していた。[2] 古代教会の教理的一致ということが、聖書と並んで、彼らの時代の教会の教えの付加的基準とまでなったのである。つまり、聖書解釈の基準となった。もちろん、それは、この古代キリスト教の教理的一致が聖書の教え以外の何物も含まないものである、という前提のもとにおいてであったが。この古代の、より純粋な教会――その場合メランヒトンには西方のラテン教会しか眼中にないのだが――に現代において対応しているのは、彼によれば、ただルターの教えを告白する教会のみである（CR 28, 369）。メランヒトンにとって、彼の時代に、カトリック教会というものはただルター派教会の中にしか顕在化していなかったのである。古代教会を引き合いに出すということは、ここでは、自らの正統性を確認すると同時に、対立者に対してそれを論争するという役割を果たす。このような見方は十七世紀に入ってヘルムシュタットの教義学者ゲオルク・カリクストによって更新され、新たな仕方で強調された。その際、古代教会の一致とルター派教会のそれとの一致が前提されると同時に、カリクストはまた、あのいわゆる五世紀の教理的一致（consensus quinquesaecularis）の中に、当面のプロテスタント諸教会相互の一致のみならず、より遠い将来のローマ教会との一致のための基盤をも求めたのである。カリクストの例は、古代教会を引き合いに出すということが持つ問題性がいかに一つのアイロニーに転じてしまうか、ということを示している。それは、もちろん、この形においては非歴史的なロマン主義的表現であった。なぜなら、それは、われわれは直ちに教会史の初期の局面に遡行することができると前提しているからである。この場合、その初期状態に変化をもたらし、理想的に見られるその過去から現在を引き裂いている諸々の事実は、考慮されていない。まさにそのことがそのようなロマン主義的アイロニーの性格を持った幻想を生み出すのである。それは特に、理想化されるキリスト教古代という過去においてすでに、プロテスタントが論争を挑んでいる中世の教皇制の出発点が存在したのだということを、看過する。この問題性はすでにメランヒトンが古代教会を引き合いに出す場合にも現れていた。たとえ人が中世教会に対してそれらの変化を古代教会における諸起源からの逸脱であると非難することができたとしても、それらの変化は古代教会の時代にすでに萌芽を持っていたのだという、もう一つ別の側面も否定されてはならないのである。

事態のこの側面は十六世紀の厳格なルター主義者たちによって前面に押し出された。彼らの指導的神学者はフラキウス・イリリクスであった。聖書原理という尺度によってフラキウスは彼の『マグデブルグ世紀史』において、三世紀の教会においてすでに使徒的起源からのいくつかの逸脱があったとしている。それは四世紀から広がり、七世紀以来優勢となった逸脱であった。(3) F・C・バウアーによれば、フラキウスにおいて「ローマの司教がそこでは反キリストの権化であるようなキリスト教会史の影の部分が、いかに圧倒的なものになっていくか」ということが示される。しかしはっきり認識しなければならないのは、宗教改革による教会史へのこのような見方が、中世の教皇制度教会がそこでは一つの発展の結果として把握される、そのような尺度に無理にも仕立てられていくということである。すなわち、その発展の端緒は古代キリスト教の中に存在するのであるが、フラキウスにおいては聖書との一致という尺度の適用によって、教皇制度はかの出発点からは遠くかけ離れた付加物として叙述されるのである。

教会史をすでに初期に始まった堕落の歴史として意味付けるやり方は、十九世紀に入って新しく変化した諸条件のもとにA・リッチルと彼の学派によって更新された。使徒時代からの逸脱は今やただ教皇中心主義の形成の中にのみ求められるだけでなく、原始キリスト教の福音のヘレニズム化の中にも求められることになった。つまり、福音の中に形而上学的思考様式と異教的な神秘主義宗教が入り込んだ、というのである。そのような概念を古典的なものにまで仕立て上げたのはアドルフ・フォン・ハルナックであったが、彼は福音のヘレニズム化は原始キリスト教そのものにおいて、つまり使徒パウロにおいてすでに始まったと見た。彼の初期カトリシズムの概念はローマの教皇首位権の成立と初めて結び付くのではなく、すでに二世紀に存在した君主的司教制度や、元来の福音には無縁であった教理至上主義の道具としての、信仰箇条の形成や、聖書正典の形成に結び付くものであった。はじめフラキウスによって発展させられた堕落史としての教会史という概念は、ハルナックによってさらに遠く強く発展させられて、この堕落過程は原始キリスト教の真っただ中ですでに始まっていたのだとされたのである。分裂したキリスト教会の共通の過去は、こうして、正典の中の正典を問う問いに集約され、ついにはイエスそのものに集約されることになるのである。

　フラキウスによって具現化されているような古プロテスタンティズムの立場においては、使徒および新約聖書正典の時代は常に堕落史の手前に存在するキリスト教信仰の純粋な起源として価値付けられてきた。それはすべてのキリスト教会にとって共通の信仰の純粋な起源なのである。しかしながら、ハルナックにおいては、この起源の時代そのものにさえ歴史的発展の曖昧性が持ち込まれるわけである。ということは、同じ歴史的観察であっても、前者の見方によれば、中世教会がキリスト教古代を理想化することは不可能とされるわけである。しかし、後者にしてみれば、教父時代にすでに中世の根源が存在したに違いないのであり、そのような歴史的観察は原始キリスト教に初期カトリシズムの端緒を見るに違いないのである。それゆえに、E・ケーゼマンの有名な言葉で言えば、聖書も教会の一致というよりは信仰告白の多様性を基礎付けるものなのである。そうすると、どのような信仰告白を持った教会であろうとも、以下のごとき性格を帯びた聖書の中にそれ自身の過去を見いだすことになる。すなわち、聖書は確かにすべてのキリスト教会の共通の起源の証人ではあるが、しかしすでに原始キリスト教の諸文書の中に後代の分裂した教会を出現させる多くの線が混在していたというわけである。さらに、もう一つ別の理由から、すべての教会の共通の起源の証人としての聖書の諸文書が直ちにそれら教会の共通の分母たり得ないということがある。それはこういうことである。すなわち、すべてのキリスト教会の今日の生活は原始キリスト教の生活からは何としても遠くかけ離れている。教会は今日、キリスト教古代とは根本的に相違する世界に存在しており、キリスト教の開始の時代が知ることのできなかったさまざまな問題に直面させられているのであって、しかもその大部分が共通な仕方で直面させられているものである。そこで、キリスト教会の現在の共通性とは、それら教会の共通の起源からというよりは、むしろそれらすべての教会が直面させられている似たような課題や困難の克服への強制ということから、得られるものなのではないか、という問いが出てくるのである。共通の歴史的起源は現在の共通性の必然性や可能性についてはあまり多くを語ってくれないのである。

これとは別の情景を思い描くことができるのは、ただ、分裂した教会の共通の過去が同時にまた分裂した教会の将来となるときのみである。その過去とは使徒時代でもなければ、最初の公会議の時代でもない。それはナザレのイエスの人格である。この方はキリスト教信仰のすべての歴史的形態の史的出発点であるばかりでなく、キリスト者たちの希望がその将来に向けられている再臨の主でもある。ただ一人のイエスという方が教会史の複雑に入り組んだ諸々の発展の史的起源のみならず、すべてのキリスト者の、そして全人類のただ一つの将来であるがゆえに、ただそれゆえに、分裂した教会の再一致への責任ある呼び掛けは分裂した教会の共通の過去から出発するのである。キリスト者たちが神の主権による将来の救いへと定められているということとキリストにある彼らの一致ということとは切り離せないゆえに、教会史における分裂は、自身にあらかじめ示された定めからの教会の罪深い逸脱を暴露するものなのである。使徒の派遣と古代教会の信仰とはいずれもキリストの将来に向けられていたのであるから、聖書の諸文書の証言や古代教会の諸信条の決定に思いを馳せることは、共通の過去にさかのぼって考えること以上のことであり得るのである。つまり、それらの証言や決定はイエス・キリストの将来、すなわち分裂した教会の共通の将来と定めを指し示すものとなり得るのである。だからこそ、使徒の派遣やすべてのキリスト教伝道は従来、諸国民に対する神の審判の将来を仰ぎ見る仕方で行われてきた。この将来は審判を伴うキリストの再臨として待望されているのである。キリスト者の信仰は、この審判の将来を仰ぎ見つつ、神の側からなされる人類との和解ということをその対象として持つ。再臨の主の将来がすべての者のための救いの将来となり、すべての者は信仰によってこの主と結ばれ、またそれによってそれぞれが教会の交わりに結ばれるのである。したがって、キリスト者たちの一致の必然性はキリストの将来から出発する。この将来は原始キリスト教の時代や古代教会の生活形態への復帰と同一ではない。むしろ、新しい時代が訪れてキリスト教会が共通に実際的な諸問題を抱えるごとに、それらを直視しながら、神の審判の将来を仰ぎ見ての全人類へのキリスト教的使命は何かということが新たに決定されなければならないのである。また、キリスト者たちの共通の将来としての再臨の主が、彼らがこの主の将来と一致するために彼ら従来の生活形態をどのように変えよと、キリスト者たちとその諸教会とに要求しておられるのかが、明らかにされねばならないのである。これは、古代教会であれ原始キリスト教であれ、規範として肯定される過去をロマン主義的に高揚することとは、いささか異なることである。過去のそのような高揚は自分自身の歴史的状況が抱えている固有の諸特徴や諸問題を看過させるという犠牲を伴う。とりわけ、理想化された古典的時代には決して還元することのできない諸特徴を看過させてしまうのである。自分自身の現在という時代の固有性やそれに結び付いた課題を排除してしまうなら、それは必ず歴史の抵抗に出会う。十九世紀や二十世紀にプロテスタントの領域で実際に教会合同がなされたところでは、人々は、カリクストが期待したように、最初の五世紀の教会の一致の地平で相互に一致したのではなかった。そうではなくて、彼らが一致したのは、それまで分裂してきた教会をもはや問題視もしない、その光に照らせば信仰理解の伝統的な対立など根本的大問題には見えてこない、そのように変化した歴史の現在に注目したからであった。

キリスト教の一致の問いにとって決定的なのは、キリスト者たちと今日分裂している教会の共通の将来としてのイエス・キリストを問う問いである。キリストのこの将来はもちろんわれわれにとってはただこの方の過去の歴史によって、また、そこから出発した使徒の派遣によって、そして、この将来に向けられた教会の信仰によって、開明される。しかし、キリスト者の共通の過去が今日新しい共通性と一致との道を指し示すことができるのは、ただわれわれがこの過去において教会と世界の将来に関わる限りでのみなのである。そこからまた、キリスト教の分裂の歴史は新しい光の下に姿を現す。

宗派主義者・教派主義者としての自己理解を持った特殊主義は教会の共通の過去にかえって分裂要因があると考えるのだが、ただ一人の主という共通の将来から見るならば、われわれにとっては分裂した教会の歴史がわれわれに共通の過去となるのである。ひとが自分たちは信仰の根本的かつ究極的なところで分裂しているのだと信じるところでは、共通性はただ仮のものとしてしか現れてこない。そして、仮の共通性は根深い対立をただ蔽い隠すばかりである。そこから出てくる不信感が、分裂した教会間の神学的対話にしばしば重荷を負わせ、すべての相互理解を阻害してきた。しかし、すべてのキリスト者とその教会の所与の一致としてのイエス・キリストの将来が視点を規定するところでは、人は過去の分裂とさまざまな教会の分裂過程との中に一つのキリスト教の、たとえやむを得ない罪深い分裂の歴史であったとしても、しかし共通の歴史を発見するのである。今日まで異端とされてきた他の教会の歴史を自分自身の教会の歴史の一部と受け止めるときに初めて、分裂した教会の共通の過去への関わりは、どちらの側がキリスト教古代や使徒時代を引き合いに出し、自己をこの過去の真正な遺産相続者と称することにおいて本当に正当化されるのか、といった議論から自由にされるのである。キリスト教の端緒の遺産をめぐる論争が沈黙させられ得るのは、ただ、われわれが教会史の諸対立の中に、また分裂したキリスト教の分裂した諸発展の中に、十字架につけられたキリストという一致を発見したときのみである。この方の苦難が分裂した教会史の中で教会の歴史を継続させるのであり、その分裂はこのただ一人の復活の主の将来への信仰からのみ、和解させられ克服されるのである。

注

（1） E. Vogelsangs J. Koopmans, Das altkirchliche Dogma in der Reformation, 1955, 102 の一つの表現によれば、そうである。

（2） メランヒトンにおいてこのようにいわれるのは、彼によって新たに起草された「ヴィッテンベルク大学学位宣誓」においてであり（O. Ritschl, Dogmengeschichte des Protestantismus I, 1908, 231ff.）、カルヴァンにおいては彼が古代教会の一致を引き合いに出すところでこの表現が出てくる（同書、三五四頁以下）。

（3） F. Chr. Baur, Die Epochen der kirchlichen Geschichtsschreibung, 1852, 48f. このあとの引用文は同書、五〇頁より。

（西谷幸介訳）

教会の使徒性と普公性の理解にとっての終末論の意義

教会を「使徒的」なものとして特徴付けることは、通常の理解に従えば、教会がイエスの使徒たちとの結合によって成り立っていること、しかもその結合が教会の本質と存在とを根拠付けているということを表現している。どの信仰告白の中でも、教会の使徒的起源は、教会の教えと形態にとって規範的なものと見なされている。しかしそれにもかかわらず、この使徒的起源が持っている規範的な機能をより詳細に理解するとなると、そこには深みに達するさまざまな相違が存在する。それとともに現在の教会がどのように、また何によって、自らをその使徒的起源にふさわしいもの、したがって自ら使徒的なものとして示すかという問いがあり、これに答えるとき、やはり深みに達するさまざまな相違が現れる。これらの相違は、どのようにして教会の使徒的性格に対する共通の信仰によって克服され得るであろうか。そのためには、教会が出発した起源の時に戻り、その使徒時代が教会のあらゆる後の歴史に対して有している規範的な意義をこれまでになされたよりももっと入念に把握すれば十分であろうか。あるいは、そのようなプログラムそのものが、すでにそれ自体の中にさまざまな困難を抱えていて、それがあのさまざまな相違を生み出すことへと駆り立てるのであろうか。私は、使徒的な過去がそれ自体としてその後の教会史の規範として説明される場合には、そこにある諸対立は出口のないものとなること、しかしながら他方使徒性の思想の中にはある終末論的なモティーフが含まれていて、この終末論的モティーフは使徒たちの教えと働きの中で、同時に彼ら自身の時代を越えて進み、まさにそのようにして、使徒の時代が持っていた時代的制約を背後にし、その後のもろもろの世代に対し指針となる意義を持つことができるということを明らかにするように試みることにする。その後のもろもろの世代に対してというのは、原始キリスト教の視界にはまったくなかった世代、しかも使徒たちの働きが方向付けられていたあの将来への途上にいる世代に対してということである。

教会が使徒たちとの交わりを必要としたのは、まず第一義的には彼らの教えのためにであり、教会が手渡していった伝承のためにであった。その端緒はすでに牧会書簡の中に見られる。しかし教会は、間もなく、その牧会職やさらに一般にその秩序を正当化するためにも使徒たちを引き合いに出した。教会はさらに後にはその典礼の起源をも使徒たちのもとに求めた。教会はさらに、使徒たちのもとに真のキリスト教的生活の模範、つまり使徒的生活（vita apostolica）の模範をも求めた。そしてこの使徒的生活はまた、それはそれなりに、教会史の経過の中で多種多様な意義を受け取ることになった。

すでに二世紀のグノーシス主義に対抗する闘いの中で、さまざまな地域教会のそれまで自明であった意識、つまり彼らの生活全体をもって使徒たちに従っており、それによって正しい信仰に参与しているという意識が、根拠付けや正当化を必要とする主張であるように思われた。使徒たちや彼らの教えとの結合があるというすでに存在している意識を、そのように根拠付けたり正当化したりすることは、エイレナイオスが初めて遂行したことである。彼はそのことを、教会の中に伝承されているがグノーシス主義者たちによって反論された信仰の教えを、使徒たちの文書によって正当化するという方法で行った。使徒たちの権威そのものについては、エイレナイオスは復活された方から彼らに授与された聖霊の力によって根拠付けた。聖霊が彼らにまったき認識のための力を与えたというのである（『異端論駁』III、一）。グノーシス主義者、とりわけマルキオンが、個々の使徒たちや使徒的文書を引き合いに出し、他の使徒たちや他の使徒的文書と対立させたのに対し、エイレナイオスは、使徒たちの一致を強調した（III、一三、一）。それによって使徒たちの文書の教えの内容の統一性もまた確保された。グノーシス主義者たちが使徒的文書の中に書き留められていない特殊な諸伝統を引き合いに出すのに対して、エイレナイオスは真の伝統もまた、もっぱら教会のもとに、つまりその司教たちが使徒たちから断絶することなく継承されていることで立ち続けている教会のもとに、求められるべきであると説明した（III、三）。この教会の司祭たちは、司教制による服従によって使徒たちから同時に「真理の確かなカリスマ」をも受け取った（IV、二六、二）。グノーシス主義者たちの主張には、「諸文書から真理を見出すことのできる人々のみが、その伝統を理解する」（III、二）という主張があるが、この主張は否定されない。というのは、他の場所で言い表されているエイレナイオスの思想がすぐに次のことを思いつかせることがあり得るからである。使徒たちの教えは、ちょうど公開の席で語られたと同じように、諸文書の中に「明らかに、確かに、また完全に」提示されていると（III、一五、一）。さらにエイレナイオスは、その正しい理解を確実にするためには、諸文書に並んで「生きた言葉」の伝統が必要であるという主張にまで及んでいる。その際、エイレナイオスが示したかったことは、この伝統が同じくただ使徒的教会の中にのみ見いだされ得るということであった。テルトゥリアヌスはこの視点をさらに鋭く強調した。この二人の場合、伝統をめぐる視点は、グノーシスとの対決の中で争われている教会の教えを使徒的文書によって正当化しようとする彼らの努力と独特な緊張関係にある。というのは、使徒的諸文書の理解のためにはある特別な伝統の生きた声が必要だという譲歩は、聖書が教えの基準であるという強調を困難にせざるを得なかったからである。この問題をエイレナイオスもテルトゥリアヌスも見逃してしまったが、それはひたすら、使徒たちから由来している教会とその教会の中に伝承されている使徒的諸文書との生の統一性が彼ら自身にとって完全に自明なものだったからである。他の面ではさまざまな変化があったにもかかわらず、このことは古代教会にとっても、またさらに中世にとってもそうあり続けたように思われる。中世の終わりになって初めてこの点での変化が生じた。十二世紀にサン・ヴィクトール学派が解釈の作業を行って以来、神学的な教説に対して聖書の言語的な意味のほうが優先性を持っていることが承認された。この優先性のゆえに、神学の学派による教理上の営みの中で、方法的に行われる聖書解釈がそれ固有の重みを獲得した。その結果、教会の教導職による対立的な解釈が現れると、それは真理の侵害に思われることもあり得た。そのような葛藤は、散発的にはすでにルター以前に存在した。しかしルターによってこの葛藤は、根本的な意義を獲得し、その結果、従来は調和的に結び合わされていた使徒的な基準、つまり聖書と教導職のうちで、どちらが上位の秩序に置かれるべきかという決断が必要になった。しかし、これらの二者択一の解決の道は、その両方ともアポリアに入り込まざるを得なかった。というのは、聖書の意味に関する最終審的な決断を下すことが教導職に承認されるならば、聖書はもはや教会の教えの伝統が持っている使徒的性格にとっての自立的な基準として作用することはできないように思われる。しかしそうなると現在の教導職と使徒たちの教えとの内容的な一致も教導職そのものの使徒性も疑わしくなる。他方で、聖書本文を（聖書はそれ自身によって解釈されるという原則に従って）「それ自身によって」解釈することから歴史批評的解釈へと進んだ学術的解釈の進行は、いよいよはっきりと次のことを意識させた。それは、使徒たちの時代と教会史の後のあらゆる時代との歴史的隔たり、そしてとりわけ解釈者のその都度の現在との歴史的隔たりがどれほど大きいかということである。このために次の問いが立てられなければならなかった。すなわち、どのようにして今日の教会とその使徒的起源との一致としての使徒性がおよそ可能なのかという問いである。解釈者とそのテキストとの歴史的隔たりは、すでに使徒的なものという規範概念を適用不可能にしているのではないか。というのは、自分が属している現在はまさしく使徒的な時代とは別の時代を意味しているからである。

この問題はキリスト教の歴史が開始した時にすでに存在していた。というのは、教会の使徒性についての問いは、すでに使徒たちの時代とは別の時代に属していたからである。歴史的に考察してみると、パウロとエルサレムの使徒たちの間にも、またさまざまな使徒的諸文書の間の関係にも、エイレナイオスが使徒たちとその諸文書に帰し、彼自身の使徒性の概念にとって構成的であるとしたような教えにおける原理的な一致を認めることはできない。同じように、司教のリストを使徒たちにまでさかのぼらせることは、歴史的批判にほとんど耐え得るものではない。というのは、司教の職務は、二世紀になってむしろ初めて、初期キリスト教会のさまざまな職務の中で指導的な職務として普及したと思われるからである。こうしたことの認識は、かならずしも無条件に教会の使徒性の意識を論駁するわけではない。しかし、その確認は、あらゆる後の教会の時代が使徒的時代と異なっていることに直面して、一体どこに使徒たちとの関連が根拠を与えられているのかという問いを緊急なものにする。歴史的意識を持った時代においては、使徒たちの教えがあたかも一致した仕方で新約聖書の中に存在しており、後の時代にとって変化することなく繰り返されることが可能であるかのように、使徒たちの教えを指し示すということはもはや解答として十分ではない。また、後継者たちによる使徒たちの教導職や牧会職への就任ということがあると指し示しても、監督の起源に結び付いている歴史的諸問題に直面したり、職務の後継者たちがそれだけで職務担当者とその起源との持続的な一致を保証することはできないという事情に直面して、もはや十分ではない。時代の変化は回避することができないから、使徒的なものの継続性は、ただ一つの契機に、すなわち使徒的な時代の特殊性に限定されず、まさにその時代の限界を越えていく契機に根拠付けられることができるだけである。その契機は、原始キリスト教の使徒職の終末論的なモティーフの中に存在しているように思われる。これについての詳細な議論は、使徒性と普公性の結合へと向かっていくであろう。これらが共通して終末論に関係していることは、最後に以下の問いに対して光を投げ掛けるであろう。すなわち、教会のこれら二つの述語においては単純に経験的な確認が問題なのではなく、信仰の告白が問題であるが、それはどの点においてであるかという問いである。

I

通常、使徒性を考察する際の前提として、教会の起源の問題、ならびにこの起源に対する教会の持続的な結合の問題に事柄は限定される。この問題設定は、補完される必要があるように思われる。原始キリスト教が独特な意味で終末論的に刻印された意識によって特徴付けられていたことは、今日一般に承認されたこととして通用しているといってよい。その意識は、究極的なものの現在の中に生きているという意識であり、この究極的なものは、世にとってはまだ来ていないが、しかしイエス・キリストにおいてまたその教団にとっては今すでに現実であるものである。教団にとってはもちろんただキリストに対する信仰において、また将来の完成の待望にあってであるけれども。原始キリスト教のこの終末論的な意識は、使徒職の理解の中にも表されるべきではないであろうか。そしてその結果、この意識は使徒的なものという概念の中にも保持されていなければならないのではないか。もしも教会が、かつて一度使徒たちの使信によって根拠付けられたという意味でだけ使徒的と称するのでなく、教会が使徒たちの精神と委任に自ら参与しており、使徒職と使徒時代の一回性をそこなうことなく、この精神と委任を歴史の中で担い続けているという意味においても使徒的と称するならば、原始キリスト教の使徒職そのものの主要なモティーフが教会の使徒性の中に継続されているのを見なければならない。

原始キリスト教の使徒職は復活された方の顕現によって根拠を与えられた。このことの確認はさしあたりパウロを拠り所にしている。パウロは復活された方によって使徒に召されたことを知っていた（ガラテヤ一・一二、一六、ローマ一・五、Iコリント一五・一〇、九・一）。しかしパウロは十二人の群れと同一でない「すべての使徒たち」の群れをも知っていた。そこで彼は、伝道者アンドロニコとユニアスをもこの意味で「使徒たち」として描いた（ローマ一六・七）。このより広い群れはすでにパウロの召命以前に「すべての使徒たち」という閉じた群れとして構成されていた。そのためパウロは、自分が使徒として召されたことを月足らずの誕生と呼ばなければならなかった（Iコリント一五・八）。この使徒たちの範囲が十二使徒の範囲と異なっていたとすると、その起源ないしその人々の使徒職は、やはりコリント人への第一の手紙一五章七節に報告されているように、最も早い仕方では復活された方の顕現に求められなければならない。使徒たちの範囲は、パウロによると十二弟子ないしはいずれにせよ彼らのうちの何人かをも含んでいた（ガラテヤ一・一七以下）。パウロは、彼らの使徒職もまた彼らに伝えられた復活者の顕現の中に根拠を持っていると考えていたようである。あの十二人は以前からすでに地上のイエスの弟子たちであったし、また十二という数はイスラエル部族の数を表しており、復活日以前の時にさかのぼってよいのではあるが、パウロは既述のように考えていたようである。パウロが彼以前から存在していた使徒たちの群れに関係を持ったことは、彼が復活された方を通しての使徒職と召命の結び付きについて、彼以前にあった原始キリスト教的な使徒理解に参与していたかもしれないことを示している。しかし福音書においては十二人は、すでにイエスの地上の働きの時に折に触れて使徒と呼ばれている（マルコ六・三〇、マタイ一〇・二、ルカ六・一三）。しかしそれは、復活された方の顕現に基づいて同一の人物に与えられ、後に習慣になった称号を、復活日以前の状況にさかのぼって持ち込んだこととして無理なく説明できる。ただルカだけは、イエスご自身が十二人を使徒とも名付けたと主張した（ルカ六・一三）。このことは、ルカが使徒という概念を十二人の範囲に限定していることと関連しているかもしれない（使徒一・二一以下）。それはそうとして、福音書の伝統の中にも復活者によって弟子たちに特別な委託と派遣がなされた形跡は見られる（マタイ二八・一六以下）。これは事柄の内容上、パウロに出てくる使徒職の根拠付けに関する原始キリスト教的な表象と対応している。

こうした事態に直面して、使徒職の概念と意味についての教義学的考察も、パウロにおいて獲得されるいくつかの手掛かりから出発しなければならない。それらの手掛かりにおいて問題なのは、まさにただ単にパウロの特別な考えではない。パウロの特別な考えは、せいぜい彼自身の使徒職の弁明の時に、われわれの眼前にあるものである。それ以外には、パウロが詳述することは、われわれになお認識可能な限りにおいて、原始キリスト教一般における使徒職の特質と意味についての起源的な理解を指し示している。使徒の職務とおよそ使徒的なもの一般の概念にとって本質構成的なものについての教義学的考察は、そこでまず第一に、復活された方による使徒の召命と派遣が持っている根本的な意味によって方向づけられなければならない。それゆえ人は、従来あらゆる宗派において使徒の職務に関する神学的反省の中で一番前面に出ていたルカの使徒概念を不適切なものと見なす必要がある。ルカの使徒概念は、もはや神学的反省の出発点を形作ることはできない。そうではなくそれは、まったく不当とはいえないが、ルカの神学的関心、つまり原始教会と復活日以前のイエスの働きや教えとの関連についての彼の神学的関心からルカが思いついた一つの修正として評価されるべきである。神学はこのルカ的関心を肯定することはできるであろう。しかしだからといって、使徒概念を十二人の仲間たちに限定する、歴史的には維持され得ないルカ的限定にどうしても従わなければならないということはない。

ところで、使徒の職務が復活された方の顕現と彼の委任によって根拠付けられたことから、使徒職の本質にとって何が生じてくるであろうか。この問いに答えるためには、次のことから出発すべきである。それは、復活された方の顕現を復活日以前のイエスの現実から区別するもの、弟子たちにとってのその意味の観点で両者を区別するものからである。それは第一に死からの終末論的な生命であって、それがイエスにおいてすでに現実になっているということである。まさにそれゆえに第二に、イエスの復活の現実は、まさしく同じく終末論的な全権、つまり復活日以前のイエスが自分に主張した終末論的な全権に対する神からの確証である。それゆえ第三に、イエスの顕現は、彼自身が自己の生命を捧げていた使命（派遣）の、彼の弟子たちに対する更新を意味する。接近している神の国の現在的な力についての使信は、その際、必然的に、イエスご自身における、つまり彼の生と運命における神の支配の開始、とりわけ死人の中からの彼の復活による神の支配の開始の宣教という新しい形態を獲得した。そうなると、復活された方による明白な召命と派遣とは、彼の顕現に外的な仕方で付け加えられたものではない。復活された方の証人たちのすべてが彼の顕現を自分たちに対する召命と派遣として経験したとは思われないとしても（Iコリント一五・六の五〇〇人以上もの兄弟たちがすべて使徒の群れに数えられるべきとは、おそらくはいえない）、また、イスラエルに限定されたり、あるいはすべての民に拡大されたり、派遣そのものがさまざまな仕方で理解され得たとしても、復活された方の顕現がすでに彼自身の派遣（使命）の確証を含んでいるだけでなく、それとともに彼の弟子たちに対するその更新をも内包している。

それゆえ原始キリスト教の使徒職は、イエスに現れた死人の甦りの終末論的現実の経験の中にその出発点を持っている。しかしまた使徒の委任も終末論的な意味を持っている。このことは特にパウロが理解した異邦人伝道に当てはまる。パウロは異邦人伝道を、イザヤ書一一章一〇節（ローマ一五・一二）のような終末論的な預言の光によって、終わりの時に待望される諸々の民のシオンへの巡礼の成就として理解した。もちろん、ユダヤ人キリスト者の教団によってなされたまだイスラエルに限定されていた伝道もすでに終末論的な意味を持っていた。それは、イエス自身の使信に類似して、神の支配の接近に直面して回心を呼び掛けた。しかし今や、イエスによってすでに開かれた救済への通路を土台にしている。そのようなユダヤ人キリスト者の思惟には、諸々の民の回心は、神自身に留保された神の力の働きが発揮されたもの、神の支配の普遍的な開始に初めて伴うであろう働きが発揮されたものと思われた（J・エレミヤス J. Jeremias）。この点においてパウロの使徒職の理解にとってキリストの十字架が根本的な意味を獲得する。というのは、パウロはイエスが十字架につけられたことの中に、彼が律法のゆえにイスラエルによって捨てられたことが表現されていると見た（ガラテヤ三・一三以下）が、それによって今や諸々の民に対する神の呼び掛けは、律法なしに発せられることになったからである。その際、使徒の行為は、ただ単にイエス・キリストにおける終末論的な神の行為の光の中で起きるだけではなく、それはまた終末論的な約束そのものの内容を実行することをめざしており、それ自体神の活動の道具となり、接近する御国の先駆者になる。イエスの教えと働きの中にある到来する神の支配の現在的な力は、あらゆる民に対する普遍的な伝道の中にその使徒的対応物を見いだしている。

そのようにして使徒は、イエスご自身の終末論的使信の継続として姿を現している。しかし使徒は、イエスの使信を別の形態で継続した。つまり、イエスの場合は、ご自身がその使者の出発点となり、また内容となった限り、そう言わざるを得ない。まさにこの形態の変化を通して、使信は同一であり続けた。イエスの使信は、彼自身の教えと働きによって神の支配の力が現在を規定する、そうした力の使信である。この使信は、彼の使徒たちによってただイエスご自身における究極的なものの開始の宣教として受け取られることができた。しかしイエスにおいて生起したものの究極性は、現在に対して普遍的な伝道を通して効力を発揮した。そのようにしてイエズの使信の終末論的な意味が、彼の使徒たちの使信の中でただ変化を通しながら同一であり続けたとすると、次のこともまた期待され得る。使徒たちの終末論的な派遣は、それによって根拠付けられた教会によってただ変化を通しながらであるが、継続されることができたということ、つまり全体として教会の自己理解や、キリストの使信をその都度の現在に対する使信として理解する教会の使信理解の中に、使徒たちと使徒時代とに対する教会自体の歴史的な差異が持ち込まれるのであるが、そうした持ち込みによる変化を通して、使徒たちの終末論的な派遣は継続されることができたということである。

II

一見して、教会は、使徒たちの派遣の終末論的な特徴をそれ自身の使徒性の意識の中に保持し続けてこなかったのではないかという印象が生じやすい。使徒たちの派遣が、イエスの復活においてすでに開始している世の終わりに対してすでに目を向けていたのに対し、教会の使徒性においてはむしろ使徒たちを振り返りつつその教えと働きによって方向付けられることが重大であるように見える。しかしこの最初の印象は、詳細な識別を必要とする。さもなければ誤った二者択一が事態の認識を遮ってしまう。教会が使徒たちの教えや働きを振り返ったそのやり方で、教会が自らと使徒的時代との差異を意識するその意識が影響を受け、同時に教会自身の使徒的派遣の形態の変化が影響を受けるということが、確かにあるかもしれない。そのようにして二世紀の教会は、使徒的文書に決定的に固着することにより、また教会の現在的な生活を使徒的起源から引き出す努力をすることによって、疑いもなく使徒たちによって宣教された使信の究極性としたがってまた終末論的な性格とを表現した。その際、教会は自分自身の時代を使徒時代の一回性から区別したが、同時に教会は自己自身を使徒たちが示した信従の中で理解し、それゆえ使徒たちに与えられた終末論的派遣によって自らが規定されるままに委ねた。

使徒たちの終末論的派遣の意味での使徒的ということは、もちろんすでに使徒的な教えの中にある遺産を単に保存することではない。使徒的ということは、むしろイエスの人格において起こり、使徒たちによって宣べ伝えられたことの究極性、したがってその真理の説明である。その際、究極性とはいまだ完成していない、それゆえまだその本質においてもたらされていない世界の将来的な真理を意味する。それゆえ、使徒的教えは、伝統的な言い表しによってすでにそのものとして証明されているのではなく、このいまだ完成していない世界をその完成へともたらす真理としてイエスの使信と歴史の究極性を現在に関係付ける表現によって、初めて使徒的教えとして証明される。その限りにおいて、普遍的な伝道という契機が何らかの形において教会の使徒性には属している。この意味において、四世紀のイエスの神性に対する信仰告白やその次の世紀のイエスにおける神と人間の一体性についての信仰告白も使徒的なものとして理解され得る。それは、三位一体論やカルケドンのキリスト論的定式と基準が、使徒時代の思想世界から明らかに遠く隔たっており、新約聖書の諸文書から単純に導き出され得るものではないということがあるとしてもである。しかしそれらが、イエス・キリストの出現の凌駕されない究極的真理を、明らかな表現、その時代の言語によって有効な表現にもたらしたことは、それらの使徒性にとって本質的なことである。

宗教改革やジャンセニズムに至るまで恵みの教理をめぐってなされた西洋の対論もまた、イエス・キリストの人格と歴史の究極性に対する使徒的関心との関連から理解され得るであろうか。恵みの教理の形成に際してこのモティーフが働いていることに異義を唱えることはできないであろう。人間が恵みに差し向けられていることは、アウグスティヌスにとっては人間がキリストに依存していることを意味した。そして、キリストの救いの働きについては、それが恵みを媒介するのであり、それゆえただ単に一般に人類にとってだけでなく、どの個人の人生史にとってもキリストの究極性が表現されていると考えられた。ペラギウス主義の自由思想に対してアウグスティヌスは次のように反論することができた。もし個々人の救いが自然や神の律法によって与えられる外的な助けを人間が自由に使用することで決定されるのであれば、キリストは無駄にこの世界に来たことになる。類似の仕方でルターもまた、恵みの働きの補完として自由な意志の善き使用に功績を帰すことに対し反駁することができた。したがって、徹底的な仕方で理解された恵みの教理においては、キリストの究極性、あるいはルターが語ったようにキリストの「栄誉」が問題であった。その限りにおいて、恵みの教理もまた使徒的精神を知らしめる。恵みの概念は、それがキリストの特別な人格と歴史に対して自立したり、あるいは自然に対する関係において外在主義（Extrinsezismus エクストリンセチスムス）[1]を過度にすることによって、それ自体の主題、すなわちキリストの究極的な救いへと人間を引き入れることを逸してしまうことがあった。こうした恵みの教理に対する特別な脅かしが、その際軽視される必要はない。恵みの教理の使徒性は、さらに、人々の個人的生活史をキリストの救いへと引き入れようとするその特別な傾向の中にも示されている。そこから教会の一つの新しい主題、つまり人間イエスにおける神の受肉と区別された恵みの共同体としての教会という主題が結果として生じてくる。それによって恵みの教理は、すでに普遍的な諸々の民への伝道の中に表現された使徒的派遣の包括的な特徴に対応している。もっぱらこの包括的な動態によって初めてイエス・キリストの究極性、彼の人格と歴史の終末論的な意味を叙述することが可能である。恵みの教理は、その個人的な適用において、以上の二つと関連している真の使徒性の第三のモティーフをも展開した。つまり、世界と人間に救いをもたらす真理は、すでにあるものの未完成性の中では目に見えるものとならず、ただ救いへの変形として、すなわちイエスの復活の中ですでに開始している救いへの変形として目に見えるものとなる。

これまでの議論は、結果として以下のようになる。われわれは、教会の教理の発展に対して、それを一括しながら、それが使徒的派遣の終末論的方向付けを喪失してきたといって非難してはならない。事実、この使徒的モティーフは、教会とその教理の歴史の中で完全に作用し続けてきた。それは、教理に関しては、特にイエスの究極性やその包括的動態、そして十字架にかけられた方の復活というしるしにおけるその和解の力の教義学的解明の進展の中に作用し続けてきた。しかしながら、使徒的なものの本質についてのはっきりした意識は、明らかに教会における神的ならびに使徒的精神の働きの背後に退いてきた。あらゆる宗派において使徒的起源との結合を理論的に意識する際には、キリスト教の現在を使徒的な起源的時代によって規制し、正当化しようとする努力が一面的な仕方で前面に立った。その際、原始キリスト教の教えや生活様式は、後代の教会にとっては過ぎ去った時代に属するものだということはあまり考慮されなかった。人々は使徒的時代に規範性を帰しながら、その時代の生活様式や思考方法が持っていた限界や時代的制約を承認するほどもはや自由ではなかった。すでに二世紀には、教会の開始の時代を栄化する傾向が形作られていた。それは、たとえばパウロの自己理解とは明らかにそぐわない緊張関係にある。というのは、パウロは彼自身の現在が終末論的完成から隔たっていることを明白に意識していたからである。第二に、歴史的研究によってやっと再発見されたさまざまな新約聖書文書間の緊張や対立、ならびにそこに表現されている原始キリスト教の内部の諸対立は、使徒たちの一致についての敬虔な見解のために意識から押しのけられた。人々は、たとえば使徒パウロとエルサレム教会との関係がおそらく一致のための労苦によって性格付けられていながら、しかしそうした一致を事実上達成することから遠く隔たっていたことをもはや見ようとしなかった。原始キリスト教についてあまりにも調和的な像が描かれたことが、教会の中で相互に相剋し合う諸見解が発展するためにはあまりにもわずかな空間しかはじめから与えられなかったことに共同責任を負っているかもしれない。第三に、使徒的なものを思惟や生活様式が過ぎ去った時代の形態と同一視することは、以下の危険をもたらした。その危険とは、人々は過去の中に現代的なものの規範を求めたために、新しい独特な現代の課題や可能性に対して自由でなくなったか、さもなければ、今日話題になっている諸点を伝承されてきたテクストの中に読み込まなければならず、自己の属する現代の問題に着手することができたのはもっぱらそうした異化作業によってであったという危険である。以上三点のすべてにおいて、それ自身の思想世界と生活様式とを持った使徒的時代が規範的な機能を持っているという意味における使徒性に向かう意志が働いているが、その意志は、使徒的文書の歴史的意味の取り違えや、特定の伝統や制度を使徒的として、すなわち使徒たちの制定にさかのぼるものとしての正当化へ、それも今日の判断にとって歴史的に維持できない正当化へと導いた。しかし第四に際立たせられなければならないことは、「使徒的」という表示を用いる際にまさに歴史的な信頼性を欠如させ、特に聖書を非歴史的に使用することが、使徒たちの教えと生活様式とが規範的に妥当していた時代にはまったく積極的な機能を持つことができたということである。というのは、ただそのような方法によって、その都度の現在の新しい要求や主題にとって、したがってまたこの概念の終末論的な意味における真に使徒的な課題にとって場所が確保されたからである。しかしながら批判的歴史的な意識を持った時代においては、かつては意味のあった、あの非歴史的な聖書の解釈や使徒的由来の非歴史的な要求が持っていた機能は、もはや一般的真理意識と衝突することなく、したがってキリスト教の信憑性を危険に陥れることなく、素朴に遂行されることはできない。このキリスト教の信憑性こそが、真の使徒性、イエスの人格と歴史の究極性や包括的な普遍性の不可欠な関心である。それゆえ教会は、歴史的意識を持った時代にあっては使徒性の新しい概念、すなわち自分が属する現代と使徒的時代との差異を無制限に承認することを許し、その上で使徒たちの派遣との関連を失わない概念を使用する。そのためには、原始キリスト教の使徒職における終末論的モティーフに注目することが助けを与えることができる。この意味において使徒的教えの基準は、もっぱら、イエスの復活の意味において変化したその有意義性、救いを成し遂げるその有意義性によって、世界を明らめるその力によって、キリストの歴史と人格の究極的な真理と包括的な普遍性とを明示することに成功するかどうか、またどの程度成功するかということである。教会の教えに対し使徒性が要求することは、使徒的時代からのことで現代にとって知られたことがみな規範的妥当性を持っているということを意味することはできない。また逆に、使徒的時代から導き出されることだけが現代通用すると見なされるべきという意味でもない。これに応じて真の使徒的生活（vita apostolica）が、教会の生活態度の中にも個々のキリスト者の生活態度の中にも求められるべきである。それには、究極的で、すべてを包括し、解放しつつ変えていくイエスの真理が浸透している。しかしながら使徒的生活は、誤ってそう考えられたにせよ、あるいは現にそうであったにせよ、使徒的時代の生活様式のコピーという形で成立することはない。それはまた、使徒たちの制定からあれやこれやの生活様式を導き出してくることによっても確立されはしない。つまり、あの時代には使徒的であったものが、今日では通用しない、あるいは使徒的課題にまったく対立するということがあり得るかもしれない。この洞察によって、教会は使徒時代の歴史性と区別された自己自身の歴史性に対して自由にならなければならず、しかもまさにそのような仕方で使徒たちの派遣の線上に留まり続ける。

使徒性の概念の終末論的方向付けの妥当性は、そこから使徒的なものをめぐって宗教改革の教会とローマ・カトリック教会の間で争われている解釈がどのように光を当てられるかということで明らかにされることができる。つまり、宗教改革の教会は、例外なく聖書を真の使徒性の基準と見なしている。しかしながらこの基準が適用可能かどうかが、宗教改革的聖書原理が聖書のそれ自体による解釈から歴史的・批判的研究へと発展するその進行中に疑わしくなった。現代と原始キリスト教との歴史的隔たりのゆえに、現代における使徒的教えと使徒的生活にとっての指示が新約聖書の諸文書から無媒介的に導き出されることはもはやあり得ない。それゆえ、聖書原理は解釈学の諸問題の中に入り込んだ。そして解釈学の諸問題は、新約諸文書の本質内容のその都度の新しい言い表しに対する内容的基準が何かを問う問いに集中している。すでにルターはそうした内容的基準をキリストを宣べ伝える宣教の中に求め、このキリスト宣教を使徒性にとっても基準として適用させた。事実、使徒たちの派遣はキリスト宣教のための派遣であったから、ルターの基準は受け入れ得るものと思われる。そしてその時、キリスト宣教は、イエスの出現とイエスによって実現された救済の包括的普遍性の解釈として理解される。というのは、このことは前に叙述したように、使徒たちの派遣の目的規定であったからである。

使徒性についてのローマ・カトリック的な理解も、私には類似の内容的基準についての問いの道を歩んでいるように見える。ローマ・カトリック教会においては、聖書と信仰告白と並んで、またそれらの解釈のための全権を持ちつつ、使徒たちの後継の形で存在している司教や教皇の教導職と司牧職とが、使徒性の基準として通用している。これは、プロテスタントの側でもはじめから拒絶される必要はなかった。その際自己を変化させていく世界の中でまさに使徒的派遣を継承することが重大である。使徒たちの派遣が原始キリスト教の時代を越えていく動態——この事態そのものが教会の継続的委任を根拠付ける——を展開させたことは、次のことに基づいている。それは、使徒たちの派遣はただ単に彼ら自身の時代をめざしていたのでなく、終末論的な完成と裁きの時をめざし、したがってあらゆる人間的な歴史の終わりをめざしていたということである。確かに人々が使徒たちの派遣の一回性を強調するのは正しい。ただしそれは、その派遣が復活された方によってなされた直接経験された委託にさかのぼる限りにおいてのことである。しかしそれは、教会の使徒後の時代におけるこの派遣の継続の必要と事柄に即してのその必然性を排除するものではない。この派遣は全体としての教会を根拠付けるのであるから、使徒的継承はさまざまな地域的諸教会の形態を取った全体的教会に優先的に関係付けられるべきであって、排他的にその指導的な職務に関係付けられるべきでないと強調されたた（E・シュリンクE. Schlink）のは正しかった。しかしながら使徒性の理解が使徒たちの派遣からして特別な仕方で、この派遣の光において——自己を変化させていく制度的形式の形を取ってであっても——諸教会の指導という課題に関係すること、またあらゆる世界にとっての救済としてのイエスの出現と歴史の包括的普遍性の宣教の継続と関係することは否定することはできない。この両方の機能が無条件に一つの手によって統合されているに違いないという結果が出てくるわけではない。また、そうした使徒的派遣の継続の基準についての問いもなお未解決のままである。ただ単に継承の事実があるということだけでは、その基準として十分というには困難である。職務の担い手の隙間のない継承が使徒たち自身による後継者の任命とともに開始しているという表象は、すでに歴史的に言って、きわめて異論の余地のあるものである。特にその列が使徒たちにまでさかのぼって届くといった継承の系列に対する関心は、二世紀の終わりごろになって初めてその存在が証明できるだけである。しかしそれ以上に、その後継者が前任者の委託を適切に継承しているということが何によって確実にされるかという本質的な問いが生じる。すでにエイレナイオスは、この点で職務のカリスマに注意を向けるように指示した。しかしながら職務のカリスマがその職務の担い手にとってだけでなく、それ以外に、その職務が仕える教会の交わり全体にとっても、どのようにして職務の担い手と彼に対する委任との一致を保証することができるのであろうか。職務のカリスマに注意を向けるように指示することで、職務の担い手の振る舞いにおける適切性についての問いを単純に権威的に抑えつけてはならない。その指示は、ただ、職務を担う人の振る舞いを規定する職務そのものの本性と結合されて職務のカリスマが理解されるときにのみ、さらに助けになる。しかし職務のカリスマが職務の本性と緊密に結び付いているならば、以下のことについて一般的な判断形成をする可能性が存在する。それは、ある所与の状況の中で当該の職務を果たすために何が必要か、その職務の担い手が事実とる振る舞いの中で彼の職務のカリスマによって指導されたか否か、彼が、その職務を果たす中で行動したりあるいは語ったりしたか否かについてである。そのような判断形成の基準であり得るのは、ただ職務そのものの特性だけである。それは、その特性が、自分は職務の担い手ではなく、それゆえまた特別な職務のカリスマを持っていない、しかしその職務が仕えている事柄には参与しているという人にもまた理解可能になる限りにおいてである。その時、教会の職務の遂行に関する判断形成の基準になるのは、使徒の派遣の終末論的な性格である。この性格は、この派遣が使徒たちの時代を越えて継承される必然性と方向とを教える。そこから、そのような派遣が全体的教会のその都度の歴史的状況の中で目的に適った仕方で採用すべき制度的形態は何か、すでに究明されるべきであろう。したがって、一つの派遣が数多くの職務の形でその都度編成されることが究明される。そうした職務の数、仕事の分業と分類は、決して常に同一であり続ける必要はない。さまざまな職務による制度的編成と並んで、その都度の現在における教会の派遣についての問いが、さまざまな重大決定、世界におけるキリスト教の使命のためにその都度のケースに応じて下されなければならないさまざまな重大決定をも包括している。この両方の領域のために一つの基準が必要である。この基準は、使徒の派遣そのものの本質の中にある。それは、この使徒の派遣がキリストを宣教するための派遣である限りにおいてそうである。この結果は、キリスト宣教を使徒的なものの基準として承認するようにというルターの要請と一致している。もちろんこのことは、一つのすでに確定したキリスト論的な尺度を適用することを意味することはできない。むしろキリスト宣教という基準は、繰り返し新しく設定される課題、すなわちキリストの普遍的で包括的な救済の意味をそれにふさわしい形で人類に対して証言する課題を指し示す。そこでは教会の教えの他に、教会の生活形態も重要である。

教会の使徒性を使徒的派遣の終末論的本質から理解することは、そのようにして一つの可能性を開くことができるかもしれない。それは、ローマ・カトリック教会の職務理解においても、また宗教改革の教会の聖書理解においても（それから同じように後者の職務概念においても）重大な役割を果たしてきたキリスト教的伝統の権威的諸形式、使徒性の概念によって自己正当化しているキリスト教的伝統の権威的諸形式を克服する可能性、しかもそれを克服するのに、教会の教えと生活にとって使徒的派遣そのものを喪失することなく行う可能性である。使徒性の概念の終末論的な方向付けは、さまざまな教会的職務の新しい理解を要請し、それを可能にするように思われる。さまざまな教会的職務は、まさにただ使徒の派遣から正当化され得る。その際、その都度の歴史的諸条件を計算に入れる柔軟性が、諸職務の形成の中で可能になる。しかもその柔軟性は、続行する使徒的派遣そのものの一致と（それの終末論的な関わりの程度において）不可謬性（究極性ゆえの）をそこなわずに、それらを前提にする。もちろん、職務を果たす際にそうした一致と不可謬性とは常にあらわに出現しなければならないというのではない。教会の諸職務の構造、編成、遂行において、それらの根底にある使徒の派遣がその一致と不可謬性において事実どの程度に表現されるかという問題は、議論と批判の対象であり続けなければならず、この議論と批判はそうした派遣という課題によって方向付けられることができる。なぜならば、キリストの霊があらゆるキリスト者たちに授与されているからであり、キリストの救済的な真理があらゆる人間を説得するはずだからである。

III

使徒の派遣の普遍的な広がりは、その終末論的特性の中に根拠があるが、普公性（Katholizität）の思想を直接含んでいる。使徒たちの終末論的な派遣が、伝道の委任の普遍性の中にその必然的な表現を見いだしたとすれば、その時キリスト教会はただ次の条件下でのみ使徒的であり続けることができる。つまり、教会が、続行する普遍的な伝道とそれがこれまでしてきた働きの全体との関連で自己を理解するという条件である。それゆえ、キリスト教会が使徒的であり得るのは、ただそれが普公的（katholisch）である程度においてである。

真の教会とそのさまざまな生活表現との普公的性格を強調することは、アンティオキアのイグナティオスやスミルナのポリュカルポスによって二世紀にこの概念が出現して以来、キリスト教的統一という主題と密接に結び合わされている。そこでグノーシス主義が個々の使徒たちに訴え、彼らから由来したと称して特殊な伝承に訴えたのに対抗して、エイレナイオスはすべての使徒たちの相互の一致を強調した。彼はまたそれと同じように、使徒たちの設立にさかのぼるその時代におけるさまざまな教会の相互の一致と特にそれら諸教会とローマ教会との一致を強調した。というのは、エイレナイオスはローマ教会に対し確かに君主的な位置付けを認めるのは困難であったが、しかしその大きさ、古さ、名声のゆえに、最後にはまたペトロとパウロという有名な使徒たちによるその設立と指導のゆえに使徒的教会の群れの中でも特別な地位を承認した(『異端論駁』III、五)。この議論は、まだ専門用語の上では異端者たちに対するカトリック的コンセンサスに向かうものではなかったが、しかし事柄の上ではそこに向かうものであった。異端者たちはすでに、ひたすら、自分たちを孤立させつつ特殊な伝統に据えることで、不当な自己定位を行っていた。すでにテルトゥリアヌスにおいて「普公的」な信仰規則が異端者たちの特殊な伝統に対して、明白な仕方で対置されている(『異端者への抗弁について』二六)。

教会の一致と普公性とは類似しているが、それにもかかわらずこの二つの属性は互いに覆い合うものではない。教会の一致においては、とりわけすでに存在している教会相互の交わりが重大である。これに対し普公性は、あらゆる教会的現在が人類に対するその普遍的な委任に比してなお特殊性や被制約性の契機を示している限り、現存の教会の垣根を越えて手を伸ばす。教会の一致は、さまざまな教会の互いに対する関係に関しても、またさまざまな教会とキリスト教共同体やキリスト教信仰一般の起源や規範との一致に関しても、それからまた最終的には個々のキリスト者と教会との関係に関しても、いずれにせよ教会内的な主題である。教会の普公性は、それを越えて、いまだキリスト教信仰によって浸透されていない世界との関係を含んでいる。われわれは、イエス・キリストにおいて現れた救いの人類にとっての普遍性との関わりなしに、またこの救いの知らせを全人類に伝達し、全人類をそれに参与するようにさせる教会の普遍的（世界的）伝道との関わりなしに、教会の普公性ないし普遍性について語ることはできない。教会のこの使徒的な世界関係は、教会の普公性の本質的契機を表している。このことは、第二ヴァティカン公会議によって新しく強調された。しかしすでにエルサレムのキュリロスは、空間的な拡張や内容的な充満と並んで、普公性の概念の中にこの契機があることについて明らかに言及していた（『カテケーシス』一八、二三）。

教会の普遍的な拡張という普公性の量的側面は、すでに現在のキリスト教界の全体と従来のキリスト教史を越えていく契機をそれ自体の中に入れ込んでいる。それは、教会の終末論的完成をあらかじめ指し示す契機である。教会の普公的な交わりのためには、まさにただ単に現在存在するすべてのキリスト教的グループを計算に入れるだけでなく、同じようにキリスト教の開始以来の過去のあらゆるキリスト教的グループとこの世界の終わりに至るまでの将来のあらゆるキリスト教的グループをも計算に入れなければならない。終末論的完成の栄光の中で初めて教会はまったき仕方で普公的教会として実現していることになる。というのは、終末論的完成はただ単に世界史の最終段階ではなく、同時にそれ以前のあらゆる時代の完成と審判であるであろうからである。教会の普公性は、それゆえ厳密な意味において終末論的概念である。それは、使徒的派遣のように単にエスカトン（終わり）をめざしているのでなく、終末論的栄光の中で初めてその完全な現実に到達する。それは、とりわけ教会と世俗的社会との対立の除去によって特徴付けられるであろう。「普公的教会」という概念のこの終末論的な意味は、確かに、それが終末論的完成に向かう歴史の途上ではなおまったく現実性を持っていないということを意味するのではない。しかし教会は、歴史を通るその途上にあっては、その都度ただ部分的に普公的教会として現象することができるだけである。それを示すきわめて単純な例は、教会史の個々の時期のどの時期もただわずかな世代によって形成され、それ以前やその後の世代によって形成されるのでないということである。しかし、それ以前やその後の世代も、同じようにいろいろな時代を貫いて持続する普公的教会との固有な交わりに属している。

以上の結果として次のようなことになる。普公性は、続行している歴史、まだ完成していない歴史の中にあっては、あれやこれやのキリスト教共同体においても、また個々のキリスト者の思惟と態度においても、キリスト教的生の特別なそれゆえ常にまた制約を受けた形態と結合されている。普公的な充満は、まだ完成していない歴史の中では、ただ具体的な、またそのようなものとしてさまざまな特殊な諸形態の中でのみ現象している。そこから見ると、普公性は教会の生活形態、その秩序、その典礼、あるいは教えの画一性を要求するという理解は、誤解であることが明らかになる。しかし他方、それと反対の思想、一つなる真の教会は不可視的であり続けるという思想も誤っている。この思想の見方は、普公的なものの充満がその都度の状況の特別な諸条件の下に現象の中に現れることができることをまったく考慮に入れていない。もちろんキリスト教会の具体的形態のどれ一つも普公的なものの全体と同一ではない。しかし一つの特別な教会がその特別な伝統によって封印され、特殊な困窮と課題によって規定されながら、同時にキリスト教的伝承の全体――他の諸宗派の中にあるものも含めて――に自己を開き、また同様にキリスト教的精神の今の現実の多様性とキリスト教界全体の将来の可能性や課題の充満と新しさに自己を開くならば、一つの各個教会が――同様に個人としてのキリスト者も――その理解と生活形態に事実上の諸制約があるにもかかわらず、歴史のただ中で普公的充満を代表することができる。しかしながら普公的精神のそのような現象はどれも、その具体的な現象の中で特殊で制約されたものであり続け、終末論的充満をまだ達成していないゆえに、一つの普公的教会のどの現象形態も、他のすべては自分と同形化しなければならないという主張を正当化することはできない。普公的一致は、種々のキリスト教的グループの相互関係の中で、ただ以下のような仕方でのみ表現され得る。すなわち、それら諸グループが相互的に他のグループの特別な生活形態、伝承、秩序、信仰告白の中に真理の普公的充満が現在するのを尊重し承認するという仕方である。個々のグループはその具体的な制約や拘束された状態から普公的真理の普遍性を希望に満ちて展望する。この普公的真理は、終末論的な完成の勝利の教会において現象の中に現れ出るであろう。しかし個々のグループのあの希望に満ちた展望は、既述の相互的承認のために単純に操作可能な尺度を決して与えるものではない。むしろ、完成された教会はキリスト教界の歩みの途上でその歴史を通して一歩一歩形成されるように、その充満はそれ自体の中に歴史的多様性を掌握し、その栄光の中に総括した仕方で表現するであろう。それゆえ、普公性を主張する現在のどの主張も、以下の三つの観点でその正当性を証明しなければならない。第一に、全キリスト教界の過去とその遺産、特にあらゆるキリスト教信仰がそこから生かされている諸起源に対する連続性を求める努力を通してである。第二に、過去と現在のキリスト教信仰がその中に現象した諸形態、多様に刻印を受けてきた諸形態に場所を提供する広がりによって。第三に、キリスト教的働きの将来の新しい諸可能性に対する開放性によって。それも、特に人類の救いが教会の派遣の目標であるが、その人類の幸いの観点でのキリスト教的働きの可能性に対してである。これらは、キリスト教的伝承と共同体の種々多様な形態の中で真に普公的な精神の活動の相互的承認がなされる際、その方向付けがそれによって可能になる諸基準である。そうした相互的承認は、同じ形式の教えや秩序を前提にする必要はない。伝統的なルター派的意味での教理についての一致（consensus de doctrina）を前提にする必要はないし、また同じ職務構造を前提にする必要もない。むしろ相互的承認が、そのような共通性の制作へと導いていくであろう。そうだとするとまた、共通の言い表しや制度がさまざまに異なって解釈されたり、さらに発展させられるのも、欠陥と見なされてはならない。画一性の中では普公的な多様性は失われてしまうであろう。それゆえ、分化のプロセスに対し、またいろいろな特殊性や差異が作り出されるのに対して、はじめから限界線を引こうとすることはできない。そのようなことをすれば、再び画一的に妥当する諸原理を前提にすることになる。たとえそのような画一性は、ある共通の枠組みを堅固にするためだけに限定されるとしてもである。教会の生は、それに代えて、統一化と分化の両方の傾向に場所を与えなければならない。この両方の傾向は、どの共同体の生にあっても相互に必要とし合い、また制限し合うものである。その際、分化に向かう傾向は、現存の生活や思惟の形態がもはや十分なものとは受け取られず、それに対する対立を通して形作られる。分化が進行すればするほどそれだけ、またこの多様性の統一化を求める要求も一層大きくならざるを得ない。それは、いかなる画一性をも外から押しつけられない限りそうなる。

普公的充満がその中に現象する具体的諸形態は、そのような仕方で多元性を持っている。この意味においてまた、一つなるキリスト教界の内部にさまざまな地域的あるいは宗派的な諸伝統の相互関係があることも理解されるであろう。教会秩序、教理、典礼におけるそのような諸伝統の多元性は、普公性を排除しない。それら諸伝統のうちのどれもが自己の特殊性を越えて、他の伝統のキリスト教的正当性に対し開放的な態度を保持し、ただ単に自己の伝承の前でだけでなくキリスト教全体の歴史とその遺産の前で責任を負う限り、そうである。その際、歴史と現代におけるキリスト教的伝統のいくつかの造形は、まったくすべてのキリスト者たちに対して特別な意義を獲得することができる。そこでまたある一つの特別な教会とそこから出発した諸伝統に全キリスト教界の中での優位が認められることもある。すでにエイレナイオスが語ったように、そのような優位の位置付けは、古さ、大きさ、名声といった理由から、しかしとりわけ真の使徒性と普公性の証明のゆえに正当化され得る。しかしいかなる個別的教会も、キリスト教的普公性のいかなる個別的現象形態も、キリスト者たちがその完全な啓示を将来の完成から期待しており、今はその暫定的現象の中で生きている一つなる普公的教会と排他的な仕方で同一であることはできない。この一つなる普公的教会はいろいろなキリスト教的共同体の中に姿を現している。普公性が終末論的概念であることは、結果として、普公性のいかなる現象形態も、たとえ現在最高の現象形態であっても、排他的にそれ自身だけに普公性を主張することはできないということをもたらす。それら現象形態のうちのどれにも、全キリスト教界における絶対的君主の位置が帰せられることはない。そのように絶対的君主であるといった主張は、まさに一つの教会の真の普公性を暗くし、宗派的な狭さと不寛容によってその形態を醜くする。全体のキリスト教界における特別な教会や伝承の事実上の優位を、その他の諸教会の交わりが喜んで誉め称え、キリスト教的統一のしるしや保証として歓迎するとすれば、それはこの特別な教会、たとえばローマ教会の真の普公性が現象の中に明瞭に現れ出れば出るほどである。それは、ローマ教会がそれ自身の秩序と教理においても、またその他のキリスト教界との関係の仕方においても、完成された教会の普公的充満からそれ自身が相違していることを心に留め続けることによってである。終末論的普公性は、なお完成を欠いている現在においてただ以下の条件の下で現象することができる。それは、常に特殊な現象形態が普公的充満そのものと取り違えられることがないという条件の下である。

これらの議論の中では、すでに、普公性がただ単に時空的な普遍性ではなく、内容的充満を意味することが前提されている。この思想への移行は、すでに教会の終末論的完成をあらかじめ展望することによって生じていた。というのは、教会の終末論的完成は時間と空間の中では分かたれているものの多様性をそれ自身の中で統一し、神ご自身の充満に参与するためにその多様性に栄光を与えるからである。

普公的なものを真理の充満と考える思想は、特に普公的な教理の概念と結び合わされている。けれどもこの分野にとっても、いかなる歴史的具体的な教理の現象形態も、そしてそのようなものとして常に制約を受けている教理の現象形態も、まったき真理と同一ではないということが当てはまる。それゆえ、レリヌスのヴィンケンティウスの命題、つまり普公的（カトリック的）教理は至るところで、常に、すべての人々によって信じられてきたものであるという命題は、修正を必要とする。というのは、この命題は「普公的」という用語の拡張的、量的な意味だけを根本に据えているように見え、それに対して充満の局面とさらに一層その終末論的性格とに注意を払っていないからである。普公性という終末論的概念からすれば、キリスト教的真理の充満がその都度キリスト教的教理の歴史的諸形態の中に現象しているにしても、しかし完全にすでに表現されているということでは決してないと判断される。それゆえ、同一のこと、すなわちキリストのただ一つの真理を新しく語るのみでなく、また別様にも語る、しかもそれ以前の教理的言い表しとは対立する仕方でも語ることが、常に可能であり続ける。しかもその際、それによってそれ以前の言い表しがたとえその時代の制約を受けた表現であったにせよ、同一のキリストの真理の表現であったことを必ずしも否定しない。さらには互いに対立し合う教理的言い表しも、たとえば一方のトリエント会議の教理的言い表しと他方の宗教改革的信仰告白のようにその当時には互いに厳しく反論し合った言い表しも、後の時代の立場から両者を部分的に正当な表現形態として、たとえその認識とその正当さにおいて制約を受けている（しかもただ単に相互的に入り乱れて制約されているだけでなく）としても、キリストの一つなる真理の表現形態として承認することができる。その際もちろんどの新しい立場からも一つの側面と他の側面の部分的正当さが、両者を包括するキリストの真理の新しい理解の観点からより正確に示され得るのでなければならない。そして一つなる真理は、どの形態も喪失すべきではない。たとえそれがわれわれにとって暫定的な形態であったとしても、それを喪失すべきではない。しかしわれわれキリスト者がまったき真理を今なお所有しておらず、それを終末論的将来から待望しており、その終末論的将来については今はただここかしこで先行的な現れを経験しているだけであるとすると、伝承されてきた教理の正しい変更ということもあり得る。しかもそれは、真理そのものの同一性を危険にさらすことはない。というのは、伝統に対する真の畏敬は、いつでも、伝承された教理を主唱する者もまた彼ら自身の言い表しを越えて、ますます偉大な神に注意を向けさせられ続けることを前提にしなければならないであろうから。ただ自らを終末論的真理と取り違えたキリスト教的教理だけが、その教理の変更とともに真理そのものの自己同一性を犠牲にするかのように恐れなければならなくなる。また、あらゆるキリスト教会の実際の生、実際の歴史は、この件については従来の教会の教理の普公性に関してなされてきたしばしば驚くほど狭い理解よりも豊かである。というのは、どこにおいても、いつも、そしてすべての人々によって同一の形式において信じられてきたことだけが普公的真理として教えられてきたということは決してないからである。むしろ、教理形成の歩みは、確かにそれ以前の世代やまた同時代の権威ある人々の信仰そのものを必ず修正したことはないにしても、しかし以前の世代の信仰の理解については、繰り返し修正してきたのである。

ここから普公的教理と異端との対立に光が当てられる。終末論的に方向付けられた普公的真理の理解からすると、ある教理はそれが承認された教理の規範、あるいはさらに荘重な仕方で布告された教理の規範から逸脱し、あるいはまたそれに矛盾するからといって、異端と判断されるべきではない。ある教理が異端になるのは、それが部分的真理の中に自己を閉鎖させ、キリスト教的遺産の充満とさらにそれを越えて普公的真理の終末論的充満をその視界の中に受け止めることを拒むときに初めてである。

以上の考察すべては、われわれキリスト者が一つにして聖なる、普公的、使徒的教会を信ず、と告白することは何を意味するかを、暗々裡にすでに思い起こさせようとしている。われわれは、単純にその教会が眼前に現存しているのを確認するのではない。教会の普公性は、信仰の対象である。なぜなら、その普公的充満は終末論的完成の中で初めてまったき仕方で実現されるであろうから。そして教会の使徒性も信仰の対象である。なぜなら、使徒性ということで教会にその起源からして本性的特質として付着している属性が問題なのではなく、教会がその態度によって対応したりあるいはまた対応しなかったりする教会の派遣、終末論的完成において初めて完全に実現されるあの普公的充満をめざす派遣が問題だからである。その際、疑いもなく現在の教会が、使徒的ならびに普公的なものとして信じられるのであって、将来の教会が初めてそう信じられるのではない。使徒的派遣は、人類に対する派遣として、その現在的な効力をもって、普公的充満をその都度の現在の中で新しい現象へともたらすことをめざしている。そのようにして普公的で使徒的な教会に対する信仰は、現在に対して生産的になる。そして教会の使徒性と普公性が単純な確認の要件としてでなく、信仰の事柄として理解されるところで、ただそこでのみ、使徒性と普公性の両者は、教会的現在の中で、到来する神の支配そのものの先行的現れとして現象となる。使徒たちの派遣もイエスの派遣もこの到来する神の支配に仕えていたのであり、この神の支配の到来とともに真に普公的な完全な社会が実現されるであろう。この完全な社会は、もはや教会と政治的公共団体との分離を必要とはしない。

注

（1） 外在主義（エクストリンセチスムス）という用語は、現在のカトリック教会の恵みの教理において、自然概念との内的関連を欠如した恵みの理解を表している。その際、外見上はただ恵みが人間の自然に依存していないことが際立って強調されているように見える。しかし事実は（意図しない結果として）人間の自然もまたいまだ恵みに関係付けられていないものとして恵みに対して独立させられる。その結果、自然が恵みを必要としていることは、自然そのものからはもはやはっきりとはわからなくなる。

（近藤勝彦訳）

諸信仰告白とキリスト者の一致

I

宗派の多元性という状況は西方教会と東方正教会との分裂にその起源を見ることができる。それどころかこの分裂はさらに五世紀にまで、すなわち、単性論とネストリウス派との分裂にまでさかのぼるというべきかもしれない。またひとは、正統派とアリウス派の教会との相違は、すでに宗派的性格を持ったものではないか、と問うことができるのではないだろうか。しかし西方キリスト教世界における諸宗派の多元性という状況は、その当時のどの宗派も望んでいなかった十六世紀の教会分裂の結果であり、その意味では近代的な現象である。十六世紀における宗派の複数性というのは、キリスト教的一致というモデルを互いに破壊し合う原因としての複数性ということであった。そこから十七世紀から十九世紀になって、相互に伝統的な信仰様式かあるいは現代的な信仰様式か、さらに正統的なそれか、あるいは異端的なそれかと言い合うような仕方で分裂してしまったそれぞれのキリスト教の自立の形態としての多元性が生じてきたのである。そして二十世紀のエキュメニカル運動において、諸宗派の多様性は、再び、教会が信じている一致ということと結び付けられたのである。それゆえにこれまで持続されてきたさまざまな宗派的教会は、キリスト教的一致にとっては単なる障害物のように思われるようになったのである。しかし他方では、信仰の内容、キリスト教的生活、そして教会制度とは、今日に至るまでさまざまな宗派的形態と強く結び付いているので、これまで宗派的な結び付きによってキリスト教の本質の具体的な形態が獲得されてきたことを無視して、宗派的な信仰様式、あるいは生活様式に対して突然否定的な態度を取ることはキリスト教的信仰の本質をそこなうことを意味することになるであろうし、危険なことでもあるということを、見落とすわけにはいかないのである。諸宗派の中のどれか一つの宗派がキリスト教信仰の唯一の真理の具現化であるとか、他のキリスト教の共同体による補足をまったく必要としないなどということは、今日ではほとんど主張されなくなった。しかし宗派的教会が、信仰様式や生活様式の多元性にもかかわらず、キリスト教信仰の伝統の本質を保っているという状態なので、宗派的教会という形態は、なおも生命力を持っているのである。しかし宗派的教会は、実際には、希望なく、時代遅れであるし、教会分裂によってその生命力を失ったような仕方で存在しているのである。もしそれぞれの宗派的教会が自らを新しいキリスト教的一致に参与するものとして、また特定の伝統の継承者として理解するならば、宗派的教会は、いずれにせよキリスト教界にとってポジティヴで、将来を指向するような役割を持ち得るであろう。このように今日の諸宗派の多元性は、キリスト者の一致のためにひとつのポジティヴな機能を担い得るのである。過去に宗派的な分裂を経験しているキリスト教は、キリスト教の新しい一致のための意識にとって、また過去の宗派的な対立を越えた今日の宗派的教会におけるキリスト教的な生の新しい形態の形成のために意味ある存在である。それゆえに宗派的な諸伝統を見極めるために、厳密な基準が必要である。そしてわれわれの諸教会におけるキリスト教性の形態を検討するためには、教会生活における信仰の告白と信仰告白の固有な意味について考えるのがよいであろう。

II

あらゆる信仰の告白と信条形成の中心には、キリスト告白がなければならい。それはその根源において、イエス・キリストに対する、またイエスの使信とその人格に対する告白である。告白するということは、根本的にはイエス・キリストとの人格的交わりであって、一連の教説についての儀式的な義務付けのことではない。告白するということについてのこのような人格的な性格は、福音書の中ではおそらくイエス自身が語られたであろうルカによる福音書一二章八節の言葉によく示されている。すなわち「あなたがたに言う。だれでも人の前でわたしを受けいれる者（ὁμολογήσῃ）を、人の子も神の使たちの前で受けいれるであろう」。最近H・フォン・カンペンハウゼン（H.v. Campenhausen）はこの言葉（ὁμολογήσῃ）の「きわめて重要な影響の歴史」について指摘して、次のように述べている。すなわち「原始キリスト教においてキリスト論的な告白、あるいはそれとは逆にキリスト告白に対する否定が現れ出ているところでは、このイエスの言葉の直接的な、あるいは間接的な影響があると推測される[1]」。

初代のキリスト者たちは、どのような仕方でイエスについて告白したのであろうか。またそのために何か一般的な定式が存在したのであろうか。それは、H・フォン・カンペンハウゼンが、新約聖書の中には洗礼式の時に復唱されるべき信仰告白や、原始キリスト教の洗礼式文の一部が見いだされるという従来の説に対して疑義を挟んで以来再び問われるようになった問題でもある。彼によれば、二世紀後半になるまで、どのような洗礼の際の信仰告白も見当たらないということになる。しかし洗礼それ自体は、イエスを主体的に告白するという行為であるし、同じことは「血の洗礼」、すなわち殉教についてもいえることである。また他の研究者たちも指摘しているようにH・フォン・カンペンハウゼンの命題、すなわち「イエスの『キリスト』とか『神の子』という称号を通してのキリスト論的解釈は、いつでも告白行為を意味する」という見方は正しいのかどうか疑問の残る点でもある。なぜなら「告白する」という動詞がそのような称号と結び付くことはめったになく、イエスをそのような尊称で呼ぶことは、「人の前」で告白（証言）するという司法的な状況にも適応しているとはいえないことだからである。これはマルコによる福音書八章二九節のいわゆる「ペテロの告白」についてもいえることである。これらのテキストの中に「告白する」ということの明確な特徴が存在しないのは、大変重要なことなのである。

これに対してパウロは、従来、洗礼における信仰告白に基づく形式に依存すると理解されてきたローマ人への手紙のペリコーペの中で、明瞭な仕方で「告白」について述べている。「自分の口で、イエスは主であると告白し、自分の心で、神が死人の中からイエスをよみがえらせたと信じるなら、あなたは救われる」(ローマ一〇・九)。もっとも最近では「イエスは主である」という表現は、告白の様式ではなく、儀式的な呼び掛けと結び付いていると解釈されている。しかしそれにもかかわらずパウロはこの呼び掛けを明らかに「告白」として特徴付けている。原始キリスト教における洗礼式文の存在が実証できず、それゆえにパウロ的な定式も必ずしも洗礼時の告白を基にしていると理解できないとすれば、われわれは告白という概念を特定の定式に限定してしまわないほうがよいのではないだろうか。パウロにとってイエスを告白することは、おそらく他でもなく会衆が礼拝の中でイエスを主と呼ぶことに参与する際になされることなのである。

告白についてのイエスの言葉とは対照的に、教会の礼拝におけるイエスへの呼び掛けは、さらに具体的な会衆一人ひとりがイエスの名を告白することと結び付いているという結論をパウロの見方から引き出すことができるのではないだろうか。会衆は単にイエスを告白するのではなく、「イエスを主」

（ローマ一〇・九）として告白するのである。パウロがピリピ人への手紙第二章で引用しているキリスト論の定式は、イエスを主、あるいはキリストと告白することで終わっているのである（ピリピ二・一一）。このような会衆の告白に見られる「～として」という構造は、後の洗礼時の信仰告白や教義的な信条へと発展したものの起点となっている。パウロは、ローマ人への手紙ですでに、イエスを主として告白することには、イエスの神による復活が含まれていることを示している。またさらに後には告白の具体的な内容の定義が生じてくるようになったのである。

われわれはこのような変化が生じてきた、ということに注目し、考えてみたい。重要なことは、イエスが誰の目にも明らかな仕方で肉体的に現存していた限りにおいては、イエスへの告白を内容的に具体化する必然性はなかった、ということである。イエスの弟子たちが、イエスを待望のメシアとして（マルコ八・二九）、あるいはイエスがそう語ったのように、父の「子」と同一視したのは、復活以前の時代にさかのぼるのかもしれない。すでにその時弟子たちに示された彼らにとってのイエスの意味が、弟子たちを告白へと導いたのかもしれない。しかしこの時にはまだ、そのような弟子たちによる解釈が、イエス理解の一義的な条件というわけではなかったのである。告白する者は、その告白において、具体的にイエス自身と関わることができたので、そこではイエスの人格についての多種多様な解釈の可能性はなかったのである。しかし復活以後の教会では、イエスの名と結び付いたさまざまな解釈に基づいて、ひとはイエスを知ることになるのであり、その告白が真にイエス自身を対象にしたものであるかどうかを確認しなければならなくなったのである。それによって、教会はイエス自身の立場の上に立つことになったのである。それ以後個人の告白が教会によって受け入れられるということが、個人の告白がイエス自身によって受け入れられたということの保証になったのである。それ以後は、個人は、教会がイエスを「主」、「キリスト」、あるいは「神の子」として告白するその信仰告白を通してイエスを告白することになったのである。そこではイエスの名と結び付いている解釈を通してのイエスの意味の具体的定義という面と、真にイエスを対象とした個人的な告白の同一視という面とが結び付いているのである。すなわち告白の中でイエス自身が意図されていたかどうかは、それ以後、告白する者がイエスを教会がそのように告白する意味で告白しているかどうかということによって判断されるようになり、教会はそのような判断基準を持つようになったのである。それゆえにパウロがイエスへの告白に、今日の教会の礼拝でなされているような呼び掛けという性格を持たせたことはもっともなことなのである。イエスを神の子として「告白する」ことはヨハネの第一の手紙に記されているように、それと似た機能を持っていたはずである。すなわち「イエスを神の子と告白すれば、神はその人のうちにいまし、その人は神のうちにいる」（ヨハネ四・一五）のである。教会がイエスを神の子として告白することは、ヨハネの第一の手紙によれば、告白する者をイエスとだけ結び付けるのではなく、同時に神とも結び付けるのである。その際、重要なのは、これは、原始キリスト教後期の神学定式などではなく、それはイエスの出現によって、イエスをどのように理解するかということによって、その人の神との関係が規定されていたという出来事と関係しているということである。このヨハネの第一の手紙の表現は、どのようにしてイエスに対する告白が後のキリスト教の洗礼時における告白へと展開するかを示している。ヨハネの第一の手紙二章二三節も同じような方向性を示しているテキストである。「御子を告白する者は、また父をも持つのである」。ヘレニズムと多神教的な民間信仰の支配の中で、二世紀以来、唯一の神としての父を告白することは独自の重要性を持つようになったのである。とりわけグノーシスに対しては、唯一の神について語ることはこの世の創造者について語ることなのだ、と主張する必要があった。キリスト告白についての形成自体は、原始キリスト教においては、イエスの名と結び付いたさまざまな称号だけではなく、「神が死人の中からイエスをよみがえらせた」(ローマ一〇・九)、あるいは「イエス・キリストが肉体をとってこられた」(ヨハネ四・二)等に見られるような動詞表現によっても準備されたのである。そのような仕方で、イエスへの告白は、同時に父と、イエスから出て、信じる者に永遠の生命を保証する聖霊とも結び付けられたのである。すなわち、「主(Kyrios)」としてのイエスへの告白は、正しい霊の理解のための判断基準なのである。なぜならば「聖霊によらなければ、だれも『イエスは主である』と言うことができない」(Iコリント一二・三)からである。イエスの復活以後の状況においては、イエスへの告白は、教会における礼拝でイエスを呼び求めることにあずかることによってなされるということになっているので、イエスを神の子として告白することは、教会に働く機能であって、イエスから出る聖霊への告白と、教会で主として、神の子として告白されるイエスへの告白との両方を意味するのである。その起源は、すでに原始キリスト教的な文献で認識できるような後の洗礼時における信仰告白（マタイ二八・一九）における三位一体論的な形態の中に見いだされる。すなわちそれは、キリスト告白の形態、イエス自身に対する個人的な告白が暗に含んでいるさまざまな意味の形態、すなわち会衆の神との交わりをも保証するイエスと神との一致やキリスト教的告白の教会的性格の形態と関係しているのである。それによって個人は、教会が告白する教会の主への告白を受け、それによって同時にキリストから出た霊の教会での働きを告白することによって、イエスを告白するのである。

イエスに対する具体的な定義の内容的拡大の過程は、おそらくさまざまな異端との対決によって生じてきたのであろう。それらの異端というのは、イエスを純粋に、しかも一義的に主として、またキリストとして告白することを危険な状態にさらしたもののことである。このことはヨハネの第一の手紙と、少し後のアンティオキアのイグナティオスの文章から明らかになる。(2)「イエスは主」という教会の呼びかけに加わることは、イエスが神によって復活させられたことへの信仰をも含むとパウロは主張し、そこではそれで十分であったのだが、ヨハネの第一の手紙においては、すでにイエスが肉体をとった、という具体的告白が問題となっていた。この言葉が異端に対するイエス・キリストへの告白におけるキリスト者の一致のしるしとなったのである。似たような役割は、内容的により細分化された、分詞的に構成されているイグナティオスの言葉の中にも見いだされる。彼は諸教会にあてた手紙の中で、教会が告白するという場合、一体誰を告白しているのかということを述べているのである。これらの文章のニュアンスは、具体的な戦いの状況によって規定されている。すなわちイエスの人間としての誕生とイエスの受難に重点が置かれている。アンティオキアの監督としての彼の関心事は、教会がこのイエス・キリストに対する告白において結び続けられるべきであって、何人も「空虚な妄想」（「イグナティオスの手紙――マグネシアのキリスト者へ」Magn. 11）の言いなりになってはならないということであった。そのために、彼はそのような様式によって共通の信仰の本質的内容を厳密に定義する必要があったのである。

III

われわれはこれまで、いかに原始キリスト教のキリスト告白において西方的なモティーフ、すなわち、イエスの人格への告白というモティーフとイエスに対する告白を根拠付ける解釈のモティーフとが結び合わせられてきたかを見てきた。この点から教会生活における告白の一致と、イエスについての解釈の合意の重要性を理解することができるのである。イエスにさかのぼる意味や、父と聖霊との関係についても、人々はイエスに対する告白において結び付けられ、イエスとの交わりを通して相互にキリストと交わり、教会の交わりへと結び付けられるのである。

この点からこそ古代教会の公会議における教義的な信条の役割が理解されるべきである。三二五年のニカイア、三八一年のコンスタンティノポリス、四五一年のカルケドンで、いずれの場合も、イエス・キリストについて、そしてイエスの父と聖霊との関係についての言及がキリストにある一致とキリストに対する一致とを示すのであり、それによって教会の一致が根拠付けられるということが確認されたのである。

基本的には、後の教義の形成も同様の役割を担ったのである。確かに中世の教会における教義の表現には、必ずしも常にキリスト告白の全体が言い表されるということはなかった。教義学的個別主題の独立化は、教義がそこでそれ自体ひとつの主題となってしまったことを意味している。しかし個別的に恩寵論や典礼論、そして人間論に目が向けられている場合でも、教義の正当性ということを問題にすることで、最終的には、信仰のためのイエスの意味を問うことになるのである。同じことは十六、十七世紀の諸宗派の教義や信条についてもいえることである。しかしこのような展開の中で、ますます細分化されたイエスとキリスト教の教義それ自体が、独自の比重を持つようになってしまったのである。そしてその結果として、教義学的な定義が最終的にはイエスに対する個人的な告白との同一化を意味し、信仰告白自体が教会共同体によるイエスに対する告白であるという性格を失うことになったのである。今日この問題は教会の中で行われている神学的教義のための「言語規制」（カール・ラーナー K. Rahner）というような問題と結び付くことになってしまった。このような言語規制は教会の一致のために好ましいかもしれないが、他方でそれはキリスト教的伝統の解釈のための多様性を破壊する危険性を持っている。さらにそれは、イエス・キリストに対する個人的な告白の条件を決定するほどの力を持っているわけではない。

イエス・キリストに対する告白の人格的要素は、教会のすべての信条的な表現定式の中心問題でなければならない。しかしその場合でも教義的な諸要素は除外されるべきではもちろんない。これまで見てきたように、イエスに対する人格的告白は、イエスの意味と、イエスと結び合わされている父なる神と聖霊の現実の認識をもその内に含んでいる。これらの教義の対象となるようなさまざまな意味要素については、教会と個々の信仰者とは相互にまったく同一のイエス・キリストに向けられていることを確かめ合うべきなのである。しかし告白においては、教義学的要素はそれに仕えるという役割に徹しなければならない。教義学的な要素は、それ自体としては教会的告白の内容ではないのである。もし教義と告白の課題との区別がなされなくなってしまうならば、最終的にはすべての教義内容が信条的に書かかれていないことを一種の欠陥と受け止めねばならなくなり、教説の律法化というような傾向が生じることになるであろう。しかしそのような教説の律法化というのは誤った発展として理解されるべきであろう。どの教会も教義自体を告白しているのではない。キリスト教の諸教会は、それらの教義を通して唯一のイエス・キリストを告白しているのである。

Ⅳ

このような告自行為と教会的信条形成における人格的、事柄的要素との結び付きの第一の帰結は、諸教会の信条の諸表現は、そこで意図されていることが、事柄それ自体によって判断されねばならないということである。そこでは教義学的教説の形成が、どの程度までそれぞれ個人のキリスト者のイエス・キリストとの信仰的つながりの条件なのかが問われなければならないはずである。なぜならそれぞれの教会は相互に対立する教義的な信条において、同一のイエス・キリストを引き合いに出し、同一のイエス・キリストを告白しようとしているのであるから、それは重要な問題となるはずである。

新約聖書が存在するがゆえに、このような問題との取り組みは可能となるのである。福音書と使徒時代の他の文書は、原始キリスト教会が、何をイエス・キリストによる救いに至らせるような告白の条件であるかを、すなわちイエスが復活者として、主として、キリストとして、肉体をとられた者として信じられることを確認することを可能にするだけのものではない。福音書と使徒的文書は、むしろ、イエスは何を教えていたのか、どういう意味関連においてイエスの出現と彼の歴史が存在したのか、そしてこれを踏まえた上で何がイエスに対する告白に含まれていなければならないか、すなわちわれわれがイエスについて知り得ることと本当に一致するため、またイエスの名の下でまったく別の内容を作り上げてしまわないように、われわれに判断基準を与えてくれるものなのである。聖書のイエス理解は、教会的教義的な信条や教義からまったく自立しているとまではいえなくても、それらからはかなりの程度において独立しているということは、承認されるべきであろう。たとえば聖書的文書の歴史的＝批評的研究は、必ずしも常に一致した結果へと導くわけではないが、その独自の方法論的基準よって、教会の教理職と信条形成における教義学的聖書解釈に対し独自な主張をするのである。それぞれの解釈や各自の前理解に依存している学問的聖書解釈の釈義上の制約も、この関係を変更するようなものではない。というのはそれぞれの前理解は、さまざまな解釈の討論の中で、事柄によって修正されるのであって、異なった諸解釈は、個々のテキストの文脈との関連において判断されるべきものだからである。

諸宗派的教義形成を聖書解釈から、そこに共通する事柄それ自体の尺度から分析する可能性、すなわちその意図を読みとることによってイエス・キリストへの告白の諸条件を明らかにする可能性は、教会的教義形成のために、単に否定的な意味を持っているだけではない。確かにこの場合教会の教義の形成は、聖書の言葉を越えることはできない。事実、教会的教義の形成の内容を原始キリスト教における特定の言葉に還元することは無理な話である。なぜなら教会の信条表現においては、後の時代の言語やその文脈におけるキリスト告白の表現が関心事となっているからである。この点で信条の形成やドグマの形成としてよく強調されているさまざまな異端の出現の意味に目を向けるべきであろう。

ある特別な歴史的条件に対する信条表現のその時点での具体的な表現が、聖書的表現を越えることはあり得ることであるが、このような仕方で成立する表現の妥当性は、同時に制約の下にあることを認めるべきである。すなわち後の教会史の段階は、また異なった問題状況によって規定されるのであろうし、その結果キリスト告白の条件はまた別な表現を必要とすることになるであろう。

しかしどうすれば教会史のさまざまな段階において形成された諸信条の表現の相違に直面して、事柄の一致と信仰内容の同一性を保つことができるというのであろうか。それが可能となるのは、その時々にそれ以前の信条表現をイエス・キリストを告白するというキリスト教の根本的な意図の表現として解釈する場合だけである。その時に、あらゆるキリスト告白の人格的意図が、その事実内容の解釈学的鍵となることができるということになるのである。このようにしてこそ教会のそれぞれの時期に生じた信条表現の客観的一致を保持することができるのである。またこのようにして、それぞれの教義的な表現の持つ歴史的相対性も判断し得るし、諸解釈が歴史的相対主義によって行き詰まってしまうこともなくなるはずである。

同じような仕方で、次にその表現においてしばしば対立することになる諸宗派教会の教義的な信条の問題を取り扱うことができるであろう。この種の信条は、たとえそれが書かれた時に排他的な対立が支配的であったということがわかっていても、なかなか積極的な解釈をするということができないできた。これを積極的に解釈するためには、当時の対立を彼らの意図したコンテクストの光の中で読むことである。このような対立的な諸表現は、その問題について当時議論の余地があったからなのであろうが、それでもイエス・キリストへの一つの信仰に結び付けられていたはずである。それゆえに、当時の両方の対立者、たとえば十六世紀のルター主義とトリエント公会議の司教たち、あるいは十六、十七世紀におけるルター主義者と改革派たちでも、究極的には同一のイエス・キリストを問題としていたといえよう。確かに彼らが当時の神学的視野の相違に直面してそのことを認識できなかったということはあり得ることであろう。しかし現代のキリスト認識の光の中で見れば、双方の立場がどのような意味で対立し、また何が問題であったのかを理解することができる。このような伝統的な宗派的対立によって生じた教義学的表現に対する生産的な解決方法は、そのような諸表現を今日の釈義的、歴史的知識の光の中で、当時の特定の条件に規定されたキリスト告白の言葉として理解することを可能にするであろう。そしてその条件を超えるのは、イエス・キリストの現実における一致である。さまざまな信条的な表現の意図する内容がイエス・キリストという唯一の現実と結び付けられていることが明らかになる程度に応じて、過去における破門のような出来事は克服できるようになるはずである。今日におけるこのような生産的な努力は、なお方法論的なプロセスが十分でないにしても、たとえばロイエンベルク協約に見ることができる。私の考えでは、そのための大切な準備は、伝統的な教義学的表現を信条的な文章として読むということである。すなわち、信条をその人格的意図から読むべきであり、さらにその告白の歴史的諸条件に規定された表現を素直に受け取め、その上でキリスト告白の客観的な問題である釈義的主張を、これらの諸表現を束縛力を持つような内容としての解釈するための鍵として利用することである。このような生産的な解釈は、当時意図していたことにだけに目を向けるような解釈学の問題意識を超え出るものである。このような解釈は、法文をそれが規定する事柄との関連で解釈し、立法者の主観的な見解にばかりに制約されないことを強調する今日の法解釈学と似ている。確かにこのような解釈学は、どのようにしてキリスト告白を、対立する伝統的な諸信条表現の意図に現れ出ているような時代的にも制約されたものを超えるような仕方で際立たせることができるかという問題をさらに持つことになる。

V

伝統的な信条の表現や現代における告白の教義学的要素とキリスト告白の人格的意図とを分類する必要性、またそれによってそのキリスト告白をなすための機能が維持されるために、この主張からもう一つの結論を引き出さねばならない。すなわち教義学的表現の承認は、イエス・キリストに対する個人的告白と同じものではない、ということである。ある教会のイエス理解を表現し、その信条表現を承認することは、イエス・キリストを告白しようとする個人的な努力の手掛かりでしかないのである。そしてこの手掛かりは、すべての主題において十分とはいえないものである。このような個人的告白が正統的であるかどうかという判断は、最終的には教理職の判断によるものである。それはとりわけ聖餐にあずかることの承認、またはその戒規としての陪餐の停止についていえることである。すなわち陪餐の停止は、聖霊と人格とに関することであって、陪餐停止に対する決定を一般的に承認された教義的な信条へと拡大解釈すること、あるいはこのような見方に欠如している尺度によって判断を下すことはできないはずである。もしそのようなことをするというならば、それを承認する場合でも、しない場合でも、どちらもこの問題がより複雑な動機に基づいているということを見落としている。個人が諸教会のドグマを承認するという場合、そのほとんどはその宗教的意味のごく一部だけを知っているにすぎないのであり、ほとんどの場合、それは大勢順応主義でしかないことを見落としてはならないのである。他方、多くの場合、特定の諸教会の教義的な信条が誤ってキリストに対する告白の意図と一致しないと見なされ、拒否されてきたこともまた疑いの余地のないことであろう。このような事情はただ歴史によって、すなわちあらゆる教義的な表現の制約性ということから理解されることである。もしそうでなければ、宗派戦争の時代に主張されたように、すべての真理は一つの側にしか見いだせないのだという主張を繰り返すだけのことになってしまうのである。もしひとが教義的な表現の変化の中にも、一致を見いだそうとするのであれば、教会的な教義的表現の歴史的条件と制約性とを避けて通ることはできないのである。事柄それ自体、すなわちイエスにおいて啓示された事柄それ自体は、さまざまな教義的表現の時代的制約を超越するものである。しかし他方で信仰と個人的なキリスト告白は、それぞれの信仰理解の形と、教会的教義表現の暫定性をも超越する無制約的なもの、あるいは絶対的なものをも持っているはずである。

これまでの考察からどのような結論が引き出せるのであろうか。第一に、教会の一致は、教説の一致ではないということである。そうではなく教会の一致は、イエス・キリストに対する共通の告白に基づくものである。この告白の共通性は、さまざまな相違点や、信仰理解の相違点によってそこなわれてしまうようなものではない。そういう相違点は確かに存在するのである。しかしそれにもかかわらず相互に修正し、補い合い、最終的には同一の信仰を見ることができるはずである。とはいってもキリスト自身に対する告白に関するもので、異なった表現、すなわちそれぞれがまったく違ったイエス・キリストを考えているという場合もあり得るのである。そのような場合には、どちらのケースが適当かということは、究極的には霊的判断に属するものである。信仰理解の諸相違点が、信仰告白の事態(status confessionis)においては、キリスト告白それ自体の相違として現れることもある。逆にこれまでキリスト告白について存在したような相違点が、後になって一定の枠内で位置を失うということもあり得るのである。ロイエンベルク協約の起草者たちは、宗教改革時代のプロテスタント内の分裂について次のように見ていたのである。すなわち十六世紀と十七世紀初期におけるルター派と改革派の間でなされた、異なった、そして部分的には対立した教義的な形成は、今日では、教会生活と神学的問題点の異なった文脈における出来事としてしか見なされていないのである。それゆえに両者にイエス・キリストへの告白の意図を認める視野からすれば、当時の対立点は、今日の状況からすれば、教会分裂を引き起こすような意味をもはや持たなくなってしまった、といってよいであろう。このような評価をするために、どちらの側からも、当時争われていた諸問題を克服し得るような視点を見つけるという前提的な作業を必要とはしていないのである。その点でロイエンベルク協約の確認は、より高度な一致といえるはずである。しかし決定的な問題は、十六世紀と十七世紀の判断とは異なった教会約、神学的問題点を持った現代的な枠組みの中で、改革派諸教会とルター派諸教会とは互いに、教義的な形成におけるイエス・キリストに対する告白こそが問題なのであって、信仰理解における相違点は、告白からの逸脱と見なさなくてもよい、ということを認め合うことができるかどうかということなのである。しかしこの判断は確かに根拠付け可能なことであるが、その本質においては霊的な判断である。それゆえにその最終的な行使をするのは諸教会の信者たちであり、教会の教理職ではないし、特定の神学者の仕事でもない。しかし事柄は神学によって準備されることはできるし、そうすべきである。この霊的な判断の光の中で、宗派的に分裂された過去についての生産的解釈は、かつての相互に排他的で対立していた面は、その相違のゆえに互いに補い合う必要があることを示し、それによって唯一の主イエス・キリストに対する告白の本質を際立たせるものである、と考えられるべきなのである。

注

（1） H. von Campenhausen, Das Bekenntnis im Urchristentum, in: ZNW 63, 1972, 210-53. 引用は二一四頁より。

（2） H. von Campenhausen, a.a.O. 235ff., 241ff.

（荒木忠義訳）

宗教改革と教会の一致

十九世紀の宗教改革記念祭では、宗教改革は、中世の教皇教会に対する勝利として、また近代キリスト教の発祥として回顧された。そこでは、自由な神の恵みとしての福音の再発見とそれに基づく個人の信仰と良心の自由が祝われている。今日、われわれは、そのように手放しで宗教改革を称揚することはできない。われわれはもはや、十九世紀のプロテスタンティズムがしたように、ローマ・カトリック教会を、中世の化石のように歴史に置き去りにされた時代遅れの形態と見なすことはできない。今世紀の新しいエキュメニカルな意識からすると、われわれは、宗教改革の洞察の光に付随する陰の部分をはっきり認めないわけにはいかないのである。そこでは、宗教改革の予期せざる結果、すなわち十六、十七世紀の血なまぐさい宗教戦争と、その苛烈な闘争の不明確な結末の後に決定的になった西方キリスト教の分裂が問題となる。教会が分裂した結果、すべての宗教的束縛から解放された世界が広がることはあり得ることであり、必然でもある。その世界では、変転する政治的イデオロギーと結び付いた国家理論が自立し、経済は自律的な力へと向かうようになる。宗教改革時代の「宗教的党派」が相互に否定し合った戦いが、共同体における人間の営みの根拠を、さまざまな教派的対立から独立した形で再構成させることになるのは避け難いことである。今日、近代のこの世俗的文化世界の内的危険が明らかになるとき、われわれはそこに教会分裂の後遺症を認めなければならない。近代世界を、私的領域に追いやられた宗教の問題から引き離してしまうことは、その世界を見かけ倒しの巨像にしてしまう。なぜなら、そのような世界では、人間の共同生活はますます、普遍的な義務意識への根拠付けなしに秩序立てられることになるからである。

今日、われわれはもはや、西方教会の分裂とその結果および現代の世俗文化の問題を合わせ考えることなしに、宗教改革について考えることはできない。しかしそこで問題となるのは、宗教改革の意図せざる結果である。そしてまさにこの意図せざる結果のゆえに、宗教改革は、世界史的に比類のない大きな影響を及ぼしたのである。それにもかかわらず、宗教改革者たちにとって、一つの普公的教会からプロテスタント諸教会が分裂したという事実以上に、彼らの意図から遠く離れたものはなかったであろう。カトリック教会とは別にプロテスタント・キリスト教を成立させることは、ひとつの便法にすぎなかった。なぜなら、宗教改革の本来の目的は、教会全体の改革にあったからである。それに即していえば、カトリック教会と異なる福音主義および改革派諸教会の成立は、宗教改革の成功ではなく失敗であったといわなければならない。今日のプロテスタント教会とその責任を負っている役職者たちは、この事態を常に念頭に置いておくべきである。ローマ・カトリック教会に並ぶそれとは別のプロテスタント教会の存在は、宗教改革が成功ではなく失敗であったことを教えているという洞察は、これまで多くのプロテスタントの宗教改革観の特徴となってきた自己満足からわれわれを守るにふさわしいものである。

ルターは、教会の一致を保持しようとする意志を、一五二〇年まで明言していた。彼は、「贖宥についての提題」二年後の一五一九年に、ボヘミアのフス派が十分な根拠なしに教皇の権威に反抗して教会分裂を引き起こしたことに対して、それを「許しがたい恥辱」であると見なしている（ワイマール版『ルター全集』二・一八六）。一五二〇年になっても、ルターは、『キリスト者の自由』において明らかにした信仰義認の教理を教皇が受け入れるなら、教皇の足に接吻してもよいと考えていた。同様のことを、一五三一年にも表明している（『ルター全集』四〇・一、一八一）。ルターは、聖書の解釈者として召された者として、この教理に福音の中核を見いだしたと信じ、聖書の解釈者としてこの教理に良心が結び付けられていると感じていた。しかしもちろん、この教理が教皇によって決定的に拒否されるや否や、彼は、教皇を、福音それ自体の敵と見なすようになった。すなわち、教皇を、テサロニケ人への第二の手紙二章四節に「すべて神と呼ばれたり拝まれたりするものに反抗して立ち上がり、自ら神の宮に座して、自分は神だと宣言する」と描写されている反キリストと見なすようになっていった。もし教皇が、福音とりわけ、キリストによる、功績なしの、信仰のみによる義認の条項に反対するなら、その限りにおいて、反キリストのこれらの特徴は教皇に妥当する。しかしながらここでもなお、宗教改革は、教会における最高の職務を根本から否定してはいなかった。一五三七年のシュマルカルデン条項に付された有名な小論において、メランヒトンはむしろこう明言している。もし教皇が、「平和と一致のために……福音を受け入れるなら、……教皇が人間の法（iure humano）に従って保持している、司教たちに対する首位性は、われわれにも受け入れられ、認められるであろう」。同様に、「アウグスブルク信仰告白書の弁証」（一五三〇年）はすでに、義認の教理の承認を条件として、プロテスタント側には司教の裁治権に従う用意がある、と明言している。司教の裁治権に関して、そこにはさらに、それまでの間に按手礼を受けたプロテスタントの説教者の受け入れの条件、すなわち、彼らの按手礼は、この間の教会を牧するための応急措置として見なされることが述べられている。何十年かの過酷な戦いの後でさえ、教皇が福音に反対しさえしなければ、中世教会の監督制秩序と教皇の首位性に従おうとする、プロテスタント内に広く保持されていた姿勢は、教会の一致を守り、回復しようとする宗教改革の意向を印象深く裏付けるものである。この姿は、さらに次のような事実によって補足される。すなわち、「アウグスブルク信仰告白」の中に、古代教会の信仰告白が荘重に反復されているように、宗教改革者たちは、古代教会の教義と自らの立場が一致していることを強調するために非常な努力を払ったのであった。同様に、プロテスタントは、教理論争の調停と混乱の除去のために普遍的な教会会議を開くように要求し、それによって、「アウグスブルク信仰告白」はプロテスタントの反対を中世教会に限定しようとしたのであった。教会の一致を守るという宗教改革の労苦が表れているこれらの事実に照らして見るとき、宗教改革の関心が、福音に基づいてキリスト教全体を革新することにあるのであって、別個にプロテスタント教会を造ることにあるのではなかった、ということに疑問の余地はない。しかしそうだとしたら、十六世紀におけるプロテスタント教会の設立とその結果である西方教会の分裂が、宗教改革の成功ではなく失敗を意味する、というすでに命題として述べた確認は、避けられないであろう。少なくとも、十六世紀の宗教改革は単に未完であっただけでなく、イエス・キリストの福音に基いて改革された真の普公的教会の一致が回復するまで、今後も未完のままにとどまるであろう。

宗教改革後何世紀もの間、プロテスタントの意識の中で、この事実は不明瞭であった。なぜそうだったのだろうか。結局のところ、その責任は、純粋な教理（pura doctrina）という宗教改革の公式を、真の教会とその一致の基礎として過剰強調したことにあったのであろう。十六世紀後半から十八世紀に至る古プロテスタント主義は、聖書の教理内容を明白に確定することの困難さを見誤った。古プロテスタント主義は、聖書諸巻それぞれに状況に制約された異なった視点があることを認めることも、また、宗教改革の時代における対立するさまざまな立場を含めて、後代の解釈には時間の制約や種々の個人的視点があることを認めることもなかった。それゆえ、古プロテスタント主義は、自らの聖書理解を福音に関する純粋な教えの唯一の貯蔵庫と見なし、そのような同意に基づく教会を唯一の真の教会と見なしたのである。こうして、キリストを告白するすべての教会とのより大きな一致を見いだすという課題は、当然のことながらもはや出てくることはなかった。それどころかプロテスタントそれ自体の内部においてさえ分裂が生じたのである。純粋な教理というこの古プロテスタント主義の排他的な概念が支持できないものであることは、近代の歴史的批判的聖書研究によって明らかにされた。しかしこの批判的な洞察からは――たとえばシュライエルマッハーなどの場合のような初期は別にして――プロテスタント個人主義以外の何ものでもないような教会理解が展開する。すなわち、教会制度をまったく時代後れと見なし、教会が、キリスト教の影響を受けた文化と倫理的な国家に徐々に吸収されていくことを待望するような教会理解である。このゆえにそこでは、当然のことながら、全キリスト教会の一致が緊急の課題として意識されることはなかった。自らの教会的伝統の革新にのみ関心を払うロマン主義的な宗派主義の世界でも、事情はほとんど同じである。

今世紀のエキュメニカル運動は、キリスト者たちに、教会の一致が不可欠であることについての新たな自覚をもたらしたが、この自覚にはそれが生まれるに至るいくつかの原因があった。その一つは、キリスト者には、今世紀人類が直面している大きな社会問題への共通の責任が負わされているとの自覚である。また、キリスト教の分裂という、特に伝道地における耐え難い経験もそれに含まれる。宗派的伝統の排他性が弱まったため、そこにはすべてのキリスト者たちが一つなる主と結び付くことを通して連帯するという新しい自覚を生む場が生じた。主は、すべてのキリスト教会の共通の源泉であるだけでなく、その分裂状況にもかかわらず、教会の共通の将来でもある。そして最後に、文化的プロテスタンティズムとは対照的に、個々のキリスト者の生活に対する教会の意義についての自覚が、宗教改革的キリスト教に基いて増大し展開したということが挙げられる。キリスト者としてあることが、すでにあらかじめキリスト教的に決定付けられた文化世界の中で十全に生かされ、その結果教会が国家の道徳的な生の秩序とますます一体化していくことができること、これらのことは、期待されることではあるが、二十世紀の政治的発展に照らして見るとき、もはや自明のことではない。したがって、プロテスタントにとっても、教会はあらためて、この世界におけるキリスト教的啓示の生ける形態として、また個々のキリスト者の信仰にとっての生活の場としてその姿を現さなければならない。その結果、キリスト者たちの、教会的一致への問いすなわち真の普公的教会への問いもまた、あらたな切迫性をもって出てくる。この真の普公的教会の中で、すべてのキリスト者たちの連帯が、キリストに対する信仰において十全にその姿を現すのである。

すべてのキリスト者たちが一致するそのような将来の教会は、かつて破門によって相互に分裂した今日の宗派教会のいずれかと単純に同一ではあり得ない。それにもかかわらず、礼拝のために集められている地方教会の中に一つなる普公的教会が姿を現しているように、今日の分裂している教会の中に、キリストの教会の偉大な普公性はすでに現れている。このことは、個人の信仰や礼拝生活において、イエス・キリストにあるすべてのキリスト者の共同が信じられ祝われているところはどこであれ、至るところに起こっている。第二ヴァティカン公会議がローマ・カトリック教会について述べているように、一つなる教会が今日の分裂している教会の至るところに「存在している」ということを、あらためて言う必要はないのだろうか。しかし今日分裂しているわれわれの教会における、そのような一つなるキリストの教会の「内在的顕現」のゆえに、われわれは、この共同を教会の相互関係の中でより明白に表現するようにしなければならない。分裂している今日の教会の中に、一つなるキリストの教会が明らかになり得るのは、教会が、他の教会や伝統もまたキリストに属していることを理論的にも実践的にも認めることができる限りにおいてである。そこにおいて、キリスト教の各宗派的伝統は、すべてのキリスト者を結び付ける将来の教会形態のより大きな普公性に対して、それもすでに今日の分裂している各教会の内部にあるより大きな普公的射程に対して、特別な貢献をするはずである。

それでは、分裂している教会のただ中の至るところでわれわれの眼前に現れ出る、キリスト教信仰のそのような新しい普公性もしくは普遍性に対する宗教改革の特別な貢献は何であろうか。宗教改革の教会が、すべてのキリスト者の共同体にもたらした遺産とは何であろうか。すでに指摘したように、そのような問いは、宗教改革者たちの意図にきわめて密接に関係しているため、そこではおそらく、宗教改革それ自体の完成についての問いが問題となる。

ルターは繰り返し、宗教改革の関心を、共通する一つの主題に見いだしていた。彼はすでに一五三七年、「キリストのゆえに……功績なしに……信仰を通して」なされる義認の条項に関連して、この条項に、「われわれが教皇と悪魔およびこの世に対抗して教えてきたことのすべてがかかっている」

と述べている。今日、このルター的義認の教理が、神学的議論において教会を分裂させるものではなくなっていることは明らかである。このことは、ハンス・キュンク（Hans Küng）のカール・バルト研究や、オットー・H・ペッシュ（Otto H. Pesch）の義認論研究等の多くの研究の結果であるばかりでなく、特にヨーゼフ・ロルツ（Joseph Lortz）のライフワークの成果である。今日、カトリック教会におけるルター研究の見解によれば、ルターはその思想をスコラ的伝統になじみのない思考形式で展開したこと、したがってその思想は当時、伝統的な視点からは誤解されざるを得なかったこと、しかし、その本質においてはキリスト教の基本的真理を表現していたことが広く認められている。できればこの研究成果が、カトリック教会の教務省において審査され、場合によっては確認されることになればよいと思う。ルターの多くの言明によれば、この義認の条項こそ、彼が、教皇の反対に対抗して、聖書に縛られている自らの良心のゆえに堅持しなければならないと考えた唯一のものであった。もしこの教えがその本質においてカトリック的なものとして判断されるとすれば、プロテスタント教会がローマ・カトリック教会から分かれたその当初からの決定的な理由が無くなることになる。それゆえ、このルターの教えがカトリック教会の正統的信仰に合致しているという公式の確認は、プロテスタント教会とローマ・カトリック教会の関係に対しきわめて大きな意味を持つことになるであろう。

信仰のみによる義認という宗教改革の中心教理が本質的にカトリック的性格のものであるということに対する、今日広く受け入れられている神学的判断に照らして見るならば、次のようなことが問われざるを得ない。すなわち、良心の痛みと流血、双方の強烈な宗教的熱意とその悲惨な結果を伴った西方教会の分裂は、今日から見るなら、単なる誤解に基づくものであったのだろうか、という問いである。この問いへの答えは、明白な「然り」でも、明白な「否」でもあり得ない。誤解が大きな役割を果たしたことは確かであった。たとえば、愛の業は信仰のみによる義認を告白する者には無意味であるとした誤解などがそれである。宗教改革者の激情的な性格にとって、そのような誤解を偏見なく除去することは容易ではなかった。しかし、本来の問題はもっと深いところ、すなわち次のような事実の中にあった。それは、中世教会が、その権威的位階制的構造のゆえに、教会の乱脈ぶり――それは今日カトリック教会の側においても悔やまれている――に対するあからさまな批判となじみのない神学的な表現とを誤解したことが教会を分裂に追いやった、という事実である。問題は以下のような点にあった。第一に、断罪は、断罪の対象となった文章をその本来の文脈において妥当に審査することなしになされた。第二に、神学的判断の多様性の余地がきわめて狭められていた。第三に、聖書釈義に基づいて、信仰を新しい形式で表現することは、直ちに非難に値するものと見なされ、断罪された。そして最後に、ライプツィッヒ論争がそうであったように、論争は、ルターが議論していた福音の内容についての問いに対してでなく、教皇と公会議の公式の権威についての問いをめぐるものになってしまった。その限りにおいて、中世教会の位階制的権威的構造が分裂の真の理由であった。すなわち、ルターの場合のように、自らの福音の理解に基づき真理に従う良心の力に縛られた立場が、最後的に教会の分裂へと導いたのである。他方、この中世教会の位階制的権威的構造に対抗する信仰による義の教理は、神への信仰の直接性を意味していた。すなわち、それは、教会的なものであれ、政治的なものであれ、人間的権威に対抗する、神への信頼に基づいた個人の自由を意味した。この、神への信頼に基づくキリスト教的自由が、義認信仰の真の核をなしており、義認の教理は、この自由の神学的表現であり、基礎なのである。このことは、ルター自ら一五二〇年に、『キリスト者の自由』において明らかにしていた。しかしながら、信仰者にそのような比類のない自由を保証する、信仰に基づいた神との直接的な関係は、決して人間的な媒介を感謝して受け止めることを否定するものではなかった。問題は、媒介なしの、神との直接的な関係ではない。ルターによれば、福音の公の告知とそのような告知を委ねられた教会の職務は、個人の信仰にとっても、またそれゆえにキリスト教的自由を意識する、神との直接的な関係にとっても不可欠の手段である。したがって、ルターが、教会の役職者たちに対して、彼らが自ら仕えている福音そのものに反しない限り、その人格的適性のいかんにかかわらず、尊敬の念をもって接していたということは理解できることである。教会の職務はそれ自体のためにあるのではない。その目的は、福音に仕えることであり、したがって福音にその身を委ねた人々の信仰に仕えることである。それは、彼らを未成熟なままに放置しておくのではなく、彼らが神との直接的な関係に入ることができるようにするためである。神との直接的な関係と人間的媒介の間には、またキリスト教的自由と教会の職務を認めることおよびとりわけ信仰者が相互に支え合うことの間には、密接な関係があるのである。

キリスト教的自由に関するこの思想は宗教改革の最も重要な遺産である。それは、今日のプロテスタント教会が維持すべきものであり、新しい全キリスト教的な意識に対する特別な貢献とすべきものである。そしておそらくそれは、いつの日か、包括的な普公性において、すなわちすべてのキリスト者たちを一つにするとともに異なる伝統を受け入れる余地をも持つ教会形態において表現されることになるであろう。キリスト教的自由と、宗教改革の遺産の中でそれと不可分に結び付いているものだけが、価値あるものであり、保持され、キリスト教世界全体に伝えられるべきものである。その他の多くのものは、宗教改革とその神学の、時代に制約された部分に属する。それには何よりも、近代の思考になじみのないものになっている悔悛への一面的な集中がある。それは、宗教改革を後期中世の神学と教会に結び付けていたものである。さらに、そのような悔悛と密接に関係するものであるが、ルター神学において展開されたような、福音と律法を区別し類別するという特有の形も、時代に制約された部分に含まれる。それは、福音の時を律法の時から救済史的に区別するというパウロの主張と調和するものではない。私はまた、宗教改革の時代制約的な要素に、ルターの政治神学すなわちその二王国説も含まれると考える。たとえそこに——上述した諸点についても同様であるが——永続的な価値を持った真理契機があるにしてもである。宗教改革の時代制約的な要素には、さらに、教皇制ならびにミサに対するルターの多くの論駁が含まれる。たとえ、この二つ論点の場合、そのような論駁は、そこに理由があったとしても、今日のわれわれの見解からするなら、カトリック的なミサについてであれ、教会における最高かつ普遍的な職務の必要性についてであれ、事の本質に触れるものではなかった。そして最後に、ルターの聖書理解およびそれに関連する、神の言葉と信仰の関係についての理解もまた時代制約的なものであった。聖書の歴史的批判的研究がなされるようになってからは、ルターがしたように聖書の中から神の言葉自体を直接聞き取ることは、われわれにはもはやできない。聖書における神の権威の直接性に対するルターの過大評価は、ある程度、神的啓示の人間的媒介に対する彼の過少評価に呼応している。(この点については後にもう一度扱う。)もちろんルターは基本的に、福音宣教においてそのような人間的媒介が必要であることをよく認めていた。彼は、教会の歴史のみならず聖書自体の中にも、そのような媒介の純粋に人間的な要素があることを、はっきりと強調することができていた。しかしながら、われわれが神の啓示にあずかるのはただ人間的媒介を通してのみであるという事実についての全体にわたる意義は、ルターにはまだ把握されていなかった。そしてそれは、彼の時代、まだ十分見通されていなかったのである。したがって次のような点がますます重要になっている。すなわち、キリスト教的自由という宗教改革の中核的な発見は神に対する信仰の直接性に基づくものであって、信仰に関する人間的媒介を認めたからといって、その重要性や意義が決定的に失われるものではない、という点である。もちろんそれは、そのような人間的媒介の結果と意義が、信仰者を、信仰による神との直接的な関係に、すなわちイエス・キリストにおける人間への神の慈しみに呼応する関係に入らせる限りにおいてである。

宗教改革に発する諸教会のキリスト教全体に対する特別な貢献は、宗教改革の最も価値ある遺産であるキリスト教的自由の思想を維持し、その前提の中で考え、その結果の下で展開することにある。このことは、キリスト教信仰と社会生活の関係や、信仰理解について当然あり得る多様性とそれに基づく神学の自由について、とりわけ教会の職務形態や教会生活全般の規則について妥当する。この宗教改革の中心主題に基づくエキュメニカルな課題は、今日特に緊急を要するものである。

宗教改革におけるキリスト教的自由思想の出現は、近代における近代的自由概念全体の発展の歴史的出発点となった。それは、十七世紀のイギリス革命や初期のアメリカ憲法などに現れた市民的自由形成の触媒となった。しかしながら、近代的自由意識がさらに発展する過程で、「キリスト教的自由」という宗教改革的概念に生き生きと表現されている自由のキリスト教的基盤は、おおかた忘れられてしまった。それには理由があるが、ここでその詳細に立ち入る必要はない。それは、最終的には教会分裂の結果に関係するであろう。宗教改革のキリスト教的自由という概念基盤から乖離することによって、自由は、個人の好みという空虚な形になってしまった。そのように内実を失うことによって、自由の概念は、それ自体信用するに値しないものにならざるを得なくなる。確かに、多くのキリスト者は今なお喜びをもって、現代の多様な自由を、宗教改革のキリスト教的自由概念の正当な結果と見なしている。実際、教会分裂や世俗化といった迂回路を経ることとなしに、キリスト教信仰に基づく自由がおよそ世界の現実になることはなかった。そしてそれに伴って、自由の概念がその宗教的基盤から離れるという事態が生じた。しかし単なる形式的で内実の失われたものになることによって、自由は、陳腐な個人の好みに堕し、ついには社会生活に対する新しい専制的な意味付けを誘発する危険にさらされてきた。

このような状況の中で、近代的自由のキリスト教的基礎付けを保持するためには、キリスト教的自由が生きて働く場としてのキリスト教会を新しくとらえ直すことが必要である。現実の政治の場では、国家と宗教の分離のゆえに、自由概念の基盤と理解が普遍的妥当性を発揮する機会はほとんどない。したがって、現代におけるプロテスタント教会の課題は、単に宗教改革の遺産を教理内容として保持するだけでなく、むしろ自らの礼拝と制度において全キリスト教的・普公的教会性の要素を更新することにも努めなければならない。そうするとき、キリストにおいてすべての人間に表された神の慈しみへの信頼から生じるキリスト教的自由は、その固有の生の場としての教会を必要とする。しかし、キリスト教的自由がその教会的故郷を見いだすのは、すべてのキリスト者を包含し、教会の使徒的源泉を有する共同体においてだけである。信仰は愛なしにあり得ない。個々のキリスト者は、すべてのキリスト者との連帯なしに、さらには人類全体への愛なしに、イエス・キリストとの連帯を確信することはできない。個人にとって、人類全体への愛は、キリスト者の共同体の一員になって初めて可能となるのである。プロテスタント教会は、キリスト教的自由の概念を、キリスト教全体への特殊な貢献としなければならないのと同じように、他の伝統や他の教会の独特な貢献をも自身の生の中に統合するようにしなければならない。そのようにして初めて、われわれが受け継いでいる分裂状態を克服し、それによって、すべてのキリスト者を包含する、新しくそれゆえに真の普公的な教会において、宗教改革の完成が可能になるのである。

しかし、近年のエキュメニカルな対話において、特に第二ヴァティカン公会議以後、プロテスタント教会の出席者の間では、そのような汎キリスト教的要素を自身の教会意識に取り入れることが広くなされるようになってきた。このことはとりわけ、例外的なわずかのプロテスタント教会を除くすべてのキリスト教会の礼拝において、聖餐の中心的意義が再発見されてきたことに当てはまる。今日のエキュメニカルな出会いは、その中でプロテスタント教会に貧困化が起こっていることを示している。その貧困化は、宗教改革者たちが望んだものではなかったが、福音主義教会が、ローマ教会のミサに反対し、御言葉の宣教に集中したがゆえに広がってきたのである。われわれは、教会生活にとっての聖餐の中心的意義に対する意識を革新することを通して、礼拝生活の貧困化を克服しなければならない。プロテスタント教会の神学者とカトリック教会および正教会の神学者との間のエキュメニカルな対話が、聖餐と聖餐共同体の問題に集中してきたのは偶然ではない。現在の教会の分裂状況ならびにそのような分裂の無意味さ、およびそのすべてにおいて明らかとなる、キリスト教の分裂によって分かたれ歪曲されたキリストの教会の本質は、聖餐の中で最もよくその姿を現している。近年各地でなされているエキュメニカルな対話は、聖餐に関する議論からそれと並行して教会の職務の問題にまで及んできている。そしてこれもまた偶然ではない。なぜなら、聖餐に関連する教義学的な諸問題を広範にわたって明確にする作業がなされることによって、初めて、礼拝における聖餐の祝祭と教会共同体との結び付きが完全な聖餐共同体を今日も阻害している困難の真の中核である、ということが明らかになったからである。さらにその結び付きは、多様な教会の職務構造に、とりわけ聖餐を執行する特定の職務にある者の権限に明らかになるからである。こうして、対話は、教会の職務全般に向けられるようになり、特に最近は、司教の職務それも全キリスト教を統括する、教会における最高職務の問題に傾注するようになっているのである。

教会的媒介と義認信仰ならびに個人のキリスト教的自由とに関わるそのような問題は、ルターや、宗教改革時代のルター派神学では、ごく限られた範囲でのみ考えられたにすぎない。ルターが、外的言葉（verbum externum）の意義を強調し、またそれゆえに公の福音宣教の職務の意義をも強調したことは確かである。それは、他方において、キリストとの個人的交わりの結果としての信仰者同士の交わりの必要を強調したのと同様である。これは、講壇のサクラメントとの密接な関連において、一五一九年になされた説教の中で展開された見解である。しかし、ルターもメランヒトンも、聖餐と司教の職務と教会の一致の関係を、教会をめぐる彼らの主張の中心に据えることはしなかった。このことに対する主要な責任は、おそらく、聖書の言葉とその告知における神的権威の直接的性格にあり、また、御言葉を、個人に悔悛をもたらす語りかけと考えるその理解にある。同様に、宗教改革的聖餐信仰の個人主義的性格もその一因であろう。そのような立場にとって、聖餐は第一義的には、個人に対するキリストの赦しの言葉を具体的に確信することであった。おそらくここに、後年プロテスタント教会の礼拝において聖餐が後退したその出発点がある。そして、聖餐と、共同体の一致およびキリスト教全般とを教会論的に関連付ける作業が等閑に付されることになり、それに伴って、全教会における共同体の一致のために必要な職務すなわち司教の機能も見失われてしまったのである。宗教改革の言葉の神学において、教会の職務は、福音の公的告知の職務すなわち説教の職務に一面的に特徴付けられてしまった。職務にある者の責任は、彼にその身を委ねた共同体の一致のために配慮し、異なる展開を調整し、緊張を和らげ、その人格および行動や言葉においてこの共同体の一致を表現することにもあるが、それらが、宗教改革において否定されなかったことは確かであるものの、教会職務の本質的な課題としては考えられていなかった。宗教改革者たちは、古代教会の理解とりわけ教父ヒエロニムスの考えに立ち戻ることを表明しつつ、牧師を司教と見なした。それによれば、古代教会とりわけアレキサンドリアの教会では、説教者と司教のあいだに差異はなかったのである。したがって、そこでは、教会職務の監督的構造が求められた。宗教改革者たちには、すでに述べたように、上位の教会的職務、特に地方の行政官になっていた中世教会の司教が按手の権限を持つことを認める用意があった。たとえ、新しく生まれた共同体に説教者を派遣するために、地方行政官であるこれらの司教の協力を得ずに説教者によって緊急の按手礼が行われる必要があったにしてもである。宗教改革者たちは、中世教会の司教たちの地方における職務を否定しなかったように、普遍的な職務である教皇の、司教たちに対する首位性を原則として拒絶することはなかった。当時の争点は、この首位性が果たして神の法によるものか、人間の法によるものかということであった。もし、宗教改革における「神の法」という概念の非常に狭い使用が、聖書が神の法の唯一の源泉であるという見解と結び付いていると考えられるなら、そしてまた、他方において、司教の職務教育の必要性と、教会を一つとするための職務に最高位の代表を設ける必要性が、キリストとの交わりに基礎付けられたキリスト者相互の交わりとしての教会の本質それ自体から導き出され得るものであると考えられるとしたら、当時の争点は、今日の論議にとってもはや重大なことではなくなる。宗教改革者たちの主張の限界は、教会一致の問題との関係における司教もしくは牧師の職務に関する実際的な神学が欠けていたという点にある。それは、一方において地方共同体とその礼拝生活の内的構造についても、また地方における個々の共同体と他のすべての共同体ならびに使徒に発して発展してきた全体教会との関係についても妥当する。このような視点は、教会と職務に関する宗教改革者たちの言明の中に広範に暗示されてはいたが、明白な主題となることはなかった。一五三〇年の「アウグスブルク信仰告白」は、教会職務の構造の問題を、教会の本質によっては明らかにされない、教会の外的秩序に関わる事柄であると見なしている。すなわちその第七項に、福音についての純粋な教えとサクラメントの正しい執行に関する合意があれば、教会の一致にはそれで十分である（satis est）とある。それに対して、ルター派のハルムス司教［ハンス・ハインリヒ・ハルムス（Hans Heinrich Harms）］は端的にこう述べている。「『十分である』（satis est）とするのは十分でない（non satis est）』。実際、教会の秩序は、それがキリストとの連帯における信仰者の一致を明白にする場である限り、副次的・外的な事柄ではない。この見解から、今日のエキュメニカルな対話におけるプロテスタントの側に、司教の職務と礼拝共同体の中心としての聖餐に関する神学の新しい理解が生じる。しかし、プロテスタント諸教会は、その教会の営みにおいて、キリスト教のこのカトリック的伝統の要素をよりはっきりと具体化し、表現すべきである。他方同様に、今日カトリック教会の側も、すべてのレベルで、自らの組織にキリスト教的自由の概念が浸透するよう努めなければならない。

キリストに基礎を置く信仰者の交わりの表現としての教会生活の中心的要素におけるそのような一致への過程を通して、われわれは最も容易に、一つなるキリストの教会の肢体としてのわれわれの教会の相互承認が可能となる瞬間に近づく。そのようにして初めて、教会は十全な意味において、「人類の一致のしるしと手段」となり得るのである。そしてこれは、第二ヴァティカン公会議が述べ、一九六八年ウプサラで開かれた世界教会協議会も同様の表現で確認したことであった。「人類の一致のしるしと手段」（sacramentum unitatis）は、教会が分裂状態の中にはあり得ないということを示している。このことは、キリスト者たちが、それぞれの伝統の違いにもかかわらず、キリストとのそれそれの結び付きを承認し合い、キリストにある交わりに一致を見いだすときに、初めて可能となるのである。こうして、教会は、自由と連帯の一致の可能性という人類の大きな課題を、キリスト者たちが共同することで解決し、またそれによって、キリスト者たちの連帯が、全人類の共同の模範ともなるであろう。

（髙橋義文訳）

エキュメニカルな職務理解
――一九七三年春の大学エキュメニカル研究所のメモランダムの意図について(1)――

近年、エキュメニカルな議論は、職務理解の諸問題に特別に集中してきており、教会の完全な「有機的」統合がなされる以前であっても、教会的職務の相互承認を行うことができないかということが論議の的となっている。そのような集中化の傾向は、世界教会協議会のレベルではあまり見て取ることができない。確かに一九六一年のニューデリー会議以降、そしてとりわけ一九六三年のモントリオール会議以降、ここでも職務問題についての議論は、信仰と教会憲章のための委員会の枠内で、新たに受け止められてきた。しかし他のテーマが前面に出ており、職務に関する委員会の作業は今日に至るまで中間的成果を挙げたにすぎない。これに対して一九七〇年以降、宗教改革に由来する諸教会とローマ・カトリック教会の間でなされた、職務に関する一連の相互的な対話の成果が公表されているが、こうした成果は、注目に値する仕方で、教会職務の相互承認の可能性に収斂している。アメリカやフランスにおけるそのような対話と並んで、福音主義的・ルター派教会とローマ・カトリック教会の研究委員会が一九七一年に発表したいわゆるマルタ報告が、特に強調されるべきである。ドイツの大学エキュメニカル研究所のメモランダムも、このような尽力の枠内に属するものである。

　職務の問題にこのように新たに集中するようになったことの、最も重要なアクチュアルな出発点は、諸教会に広く行き渡っている聖餐共同体（Abendmahlsgemeinschaft）をめぐる運動の中におそらく求められるであろう。聖餐共同体を妨げている一番の障害として今日一般に認められているのは、教会の職務についての相互承認が欠如していることである。世界教会協議会の信仰と教会憲章に関する委員会の研究報告には、これについて次のようにいわれている。「聖餐式の際にこの痛ましい分離を経験したことのある人なら誰でも、まったく当然のこととして、この問題を真剣に受け止めるように導かれる……[2]」、と。職務の神学にエキュメニカルな仕方で取り組むようになったこうした実存的な動機に加えて、それ以外の一連の諸要因がさらにつけ加わる。その中でも特に二つのことが強調されなければならない。第一に、一九六一年のニューデリー会議において新たに獲得された洞察であるが、これは職務の相互承認の問題において進展を見ることなしには、いかなる形式の教会的一致も可能ではないということである。もう一つは、ローマから分離したいろいろな教会的共同体に関する第二ヴァティカン公会議の言表であるが、それはこうした諸共同体における職務にもある程度の積極的な評価を含んでいるように思われ、その可能的なエキュメニカルな射程は突っ込んだ議論の対象となっている。

　ドイツの大学エキュメニカル研究所の研究共同体――その最初の成果が職務に関するメモランダム

である――の直接の出発点は、H・フリース（H. Fries）が最近報告したように[3]、ミュンヘンの二つの研究所が継続的に行った共同研究、とりわけ、「教会における職務[4]」というテーマについて行われた共同ゼミナールの成果に関して、一九七〇年に出版された報告書であった。ドイツの大学エキュメニカル研究所の仲間うちでこの成果を討議した際に、職務理解の基本的特質に関して、さまざまな研究所で広範囲な意見の一致を見る可能性がすぐにはっきりした。そしてエキュメニカルな議論に対して職務の問題が中心的な意義を有していることに鑑み、いくつかの研究所は自分たちのこうした見解の一致を、より広範な神学的ないし教会的世論の知るところとすべきであるとの意見を抱いた。共同聖餐のためのさまざまな努力との関連において、職務理解における継続的な宗派対立が、一般的に認められている神学上の事実であるかのように、教会の職務に携わっている人たちの側からも繰り返し指摘されたので、このことはますます火急を要するように思われた。職務理解における大幅な接近は、種々の国際的なエキュメニカル研究委員会の対話においても目標とされてきたところであるが、これはドイツにおいていまだまったく承知されていないも同然であった。この研究委員会の判断形成は、互いに独立して始められたものの、その成果においては収斂している。だが、それはドイツのいくつかの研究所自体の神学的判断形成とまったく同様、次のような仮定には一致していなかった。たとえば義認論といったような、他の伝統的な論争的問題と同様、あたかもここには相互理解など神学的には手の届く近さには存在しないかのように、教会的職務の神学が、なかんずくローマ・カトリック教会と宗教改革的教会との間の、克服し難い対立の堅固な中核をなすという仮定である。エキュメニカル研究所が、教会的職務に関する自分たちのコンセンサスを作り上げ、それを公表する必要性を感じたのは、特にまた次のような理由からでもあった。すなわち、彼らは神学の側に存在しているとされる克服し難い障害を一面的に仮定することで、教会間のエキュメニカルな相互理解の一層の進展にブレーキをかけてはならないと、共同の責任を感じていたからである。

このような出発点からして、種々なエキュメニカル研究委員会の諸報告から区別される、職務に関するメモランダムの特質が理解可能となる。すなわちこのメモランダムは、教会的職務の理解という共通のテーマについて、それに関与したいくつかの研究所の積極的なコンセンサスを言い表そうと試みたものである。それゆえこのメモランダムは、エキュメニカル研究委員会の報告書の中に見いだされるような、教派によってまちまちの職務解釈の記述を含んではいない。そのような細分化した記述が欠けていることを残念に思う人々もいたが、(5)そのような批判はこのメモランダムの目標設定を誤解している。メモランダムの目標設定は、プロテスタントとカトリックの神学者たちによって共通に主張され得る、教会的職務の神学の可能性を模範的に証明しようとの意図に存している。そのような目標設定においては、現存する宗派的な相違を記述することは自己目的たり得ない。こうした相違は、それが共通の定式化によって克服される限りにおいてのみ議題となる。しかしその定式化は、双方の宗派的伝統の教理的意味内容に対して忠実に理解されなければならない。

以上に述べたことから明らかになるのは、本来自明のはずのこと、つまりメモランダムのテーゼの中に定式化されたコンセンサスは、まずもってこれに関与したいくつかの研究所のコンセンサスを表現したものにすぎないということである。それは教会の当該部局の審議や決定に取って代わるものでも、それらを先取りするものでもあり得ないし、またあるべきでもない。いずれにせよ、それはプロテスタントとカトリックの神学者たちが共同責任を持つ、教会的職務の理解の可能性を資料的に裏付けることによって、そのような審議や決定の準備に奉仕し得るものである。

その際このメモランダムは、内容的に完璧な職務の教理を提供しようとするものでもない。このためには、教会史の中で形成された種々な形態の職務、とりわけ司教［監督］職についての突っ込んだ論述が必要であろう。ヴァルター・カスパー（Walter Kasper）は、メモランダムについての書評[6]において、この箇所に欠陥があることを正当にも指摘している。司教［監督］職の永続的意義ということは、確かにエキュメニズムにとって重大な意義を持っているが、しかしこの問題は明示的にはメモランダムのテーマではない。教皇首位権の問題の場合にも、事態は似たりよったりである。このテーマが取り扱われないということを、特にカール・ラーナー（Karl Rahner）は欠陥であると感じ取った[7]。メモランダムは職務の三重の段階付けや、司教［監督］職と教皇首位権について、主題的に突っ込んで論ずることなく、聖職者の職務一般の特殊性に関する問題に全面的に自己を限定している。このことは、聖職者の職務一般を理解するための手掛かりを得んとするメモランダムの特殊な試みが、司教［監督］職ならびに普遍的教会における最高職の問題にとっても重要な結果を含意している、ということを排除するものではない。これについてはのちほど論ずることにしよう。

メモランダムが内容的に完璧な職務の教理を提供しようとするものではないということは、その聖霊論的（pneumatologisch）な言表に関しても強調されるべきである。確かに職務は明白にパウロ的なカリスマの教理との関連のうちに置かれる。新約聖書によれば、すべての務めが、「教会に奉仕するための神の御霊《みたま》の賜物として、つまりカリスマとして理解されている」（テーゼ8）が、それと同じように、教会の各メンバーは御霊の賜物によって「特殊な務めへと置かれて」いること（テーゼ9）、さまざまな務めへの召命は「イエス・キリストの御霊の力において」なされること（テーゼ14）、こうしたことが強調される。これに対応して、教会の指導という特別の務めも「イエス・キリストの御霊において」なされるべきである（テーゼ12）。このような言表に鑑みれば、カール・レーマン（Karl Lehman）がテーゼ15――そこでもカリスマの概念が再び取り上げられているにもかかわらず――についての論評において、次のような苦言を呈するのは驚くべきことである。彼は、「御霊の呼び掛けと、霊の賜物を教会的な務めのために伝達すること」が、「この箇所でもまた別の箇所でも、明確にはテーゼの中に現れていない」との苦言を呈している。(8) けれどもそれは次の点では正しい。御霊の呼び掛け、つまりエピクレーシス（Epiklese）［聖霊降下を求める祈り］は、ルター派の任職式文の中にもそれなりの位置を占めているにもかかわらず、任職の行為の箇所では明確には論究されないということである。メモランダムにおいては、このテーマに注意を払わずにいることができたが、それは一方では、サクラメンタルな性格に関する教理と関連している問題——これは別個の議題となるが——を別にすれば、カトリック神学と宗教改革的神学との間では、教職者が霊の賜物を賦与されているということは争点にならないからである。他方では、カトリックの職務理解と宗教改革的職務理解との間の伝統的な相違は、聖霊論（Pneumatologie）の観点からは直ちに克服することができないからである。なぜなら、聖職者の職務だけが霊の賜物ではなく、教会内のその他の務めもまた霊の賜物だからである。したがって、聖職者の職務の特殊的な特質に関する問いは、それによってはまだ答えられていない。

ところで、まさしくこの問いはメモランダムの中心点に位置している。祭司職（Priesteramt）は、単に程度の上だけでなく本質の上でも、万人祭司制（das allgemeine Priestertum der Gläubigen）から区別されるという第二ヴァティカン公会議の確認（「教会憲章」II、一〇）に鑑みても、このことはおそらくそれほど不適切ではない。このような確認はプロテスタント的思考にとって相当の困難をもたらす。なぜなら、それは信仰共同体内部における、またそれとの関わりにおける、教職者の務めの特殊性を表現する代わりに、教職者を信仰共同体の上位に引き上げるように思われるからである。エキュメニカル研究所のメモランダムに対するアルノルトスハイン会議の声明が、次の点を強調するのはおそらくこのためである。聖職者の職務の特殊な務めは、「本質の上で」、全体としての教会に与えられている全権から区別されない（§4）、というのである。そしてアルノルトスハイン会議の議長であるオルデンブルクのハンス・ハインリヒ・ハルムス（Hans Heinrich Harms）監督は、「ルター派の理解による職務」に関する論文において、万人祭司制と教会の職務は「その本質において等しい[9]」、と記している。ここには第二ヴァティカン公会議の定式に対する用語上の対立以上のもの、つまり実質的な対立も存在しているのであろうか。いずれにせよエキュメニカルな議論は、ルター派の教会においても見られる聖職者の職務の特殊性をより鋭く剔抉すべく努めなければならない。その際、他の諸々の機能に対する段階的相違だけが問題ではなく、質的かつ本質的な特質が問題であるということは、そのような本質的な相違が信仰共同体の生の連関によって包摂され続けるのであれば、プロテスタント側の感情を逆なでするには及ばない。それゆえ、万人祭司性と特別な教会的職務との関係を規定することは、カトリックの職務理解と宗教改革的職務理解との間のエキュメニカルな相互理解にとって、特別の意義を持っていることは明白である。このことはやはりメモランダムのテーゼ15とそれに対応する予備研究（一九一頁、および一九九頁以下）においても明確に論じられる。この問題はメモランダムの他のテーゼの中にも現前しているものの、しかしそれは別の用語で、つまりパウロ的なカリスマの教理のそれによって語られている。この用語法には、特別な教会的職務を特別扱いにして、すべての信者はキリストの祭司職に等しく参与するという教えに対置させるのではなく、まさに聖職者の職務と同じく特殊な霊の賜物である、他の具体的な務めにそれを並置するという利点がある。それではその特殊性はいかなる点に存するのであろうか。

この問いに対する答えにおいて、メモランダムは「カトリック的」要素を「プロテスタント的」要素と結合する。すなわちメモランダムは、聖職者の職務を指導の務め、ないし職務と記すのであるが、これはすべてのキリスト者に「共通に関わる事柄」、つまり「キリストの使命への参与」（テーゼ15）を、「公的に代表すること」（テーゼ12）に存している。聖職者の職務が教会指導の職務として規定されるということは、プロテスタントの耳には奇異に響く。アルノルトスハイン会議は、その他の点では、エキュメニカル研究所のメモランダムに対してかなり好意的な態度を取っているが、やはりこの点に関しては苦言を呈している。つまり、メモランダムは「聖職者による教会の指導という課題をまったく自明のこととして」（§3）語っている、というのである。それというのもプロテスタントの側では、大抵は宣教の任務のみが教会的職務にとって構成的なものと見なされるからである。かくしてアルノルトスハイン会議の声明は、「宣教の全権と、非神学者たちと共同でなされる指導との関係の問題は、より詳細な解明を必要とする」との言葉を継いでいる。

メモランダムは、教会的職務を宣教の任務によって特徴付けるだけでなく、それを教会指導の職務と規定する。そしてこの規定の内部において初めて、「サクラメントの執行や教会と社会への活発な参与とともに、み言葉の宣教」を「根本的なもの」として際立たせる（テーゼ12）。このことは一般的なプロテスタントの職務理解の拡大を意味する。教職者に委託された宣教の任務は、プロテスタント的思考においては、しばしば非常に狭く解釈されるので、それに比べて教会指導の課題は、何か別の付加的なもののように思われる。その場合、教会指導の規則は神学的には中立的なものと見なされ、純粋に合目的な視点に委ねられることができる。それにもかかわらず、職務に関する一五三〇年の「アウグスブルク信仰告白」の言表は、指導の機能を暗黙理にそして自明のごとくに、宣教の任務と結び合わせているように思われる。なぜなら、「アウグスブルク信仰告白」第二十八条に従えば、宣教の任務は罪の赦しに対する任務だけでなく、したがって鍵の権能だけでなく、他の諸々の教えについて判断を下し、教会規律を適用する任務をもともに含んでいるからである。これらは明らかに、福音の教えにおいて教会の一致を守ること、ないしはそれを再建すること、をめざしている諸機能である。しかしこれらは言葉の本来の意味においては宣教に属さない。もしここに挙げられたすべての機能が総括的に特徴付けられるべきであるとすれば、宣教される教理の基盤の上で宣教の業によって基礎付けられる、教会の一致に対する責任こそを、教職者の課題として語るのが適当である。指導の概念がまさにこの課題を表示している。その場合、一九七〇年のミュンヘンの研修報告書が記述しているとおり[10]、この指導ということは、教会の統合と教会の一致の代表という機能によって特徴付けることができる。メモランダム（テーゼ12）は、「激励」（anregen）と「調整」（koordinieren）という概念を付け加えた。教会の一致に対する責任は、「アウグスブルク信仰告白」の第二十八条についての検討が示したように、宣教の任務ときわめて密接に結び付いている。このことは、非聖職者も教会の指導に関与することを排除するものではない。教会の一致に対する、そしてその限りで教会の指導に対する、最終的な責任は、宣教の任務から切り離すことはできない。

メモランダムにおいては、プロテスタントの支配的な職務理解が、教会の一致に対する責任にまで拡大されているが、この拡大は職務に関するエキュメニカルな対話の続行にとって重要であると判明し得るであろう。なぜなら、一致のための配慮という意味での指導の機能は、アンティオキアのイグナティオス以来、歴史的な司教［監督］職ならびにその発展の中核を形作っている、といってもよいからである。さらにこの視点は、教会生活の種々のレベルにおいて、つまり地区のレベル、教区のレベル、そして最終的には世界的なレベルにおいて、一致のために奉仕する務めが必要であり、それゆえ指導の職務が必要である、ということを含意している。このことはメモランダムのテーゼ12において明確に述べられている。アウグスブルクの大司教ベネッリ（Benelli）によって引用されたロジャー・シュッツ（Roger Schutz）の言葉の意味において、同一の論理がすべてのレベルを支配している。曰く、「もしそれぞれの地区の教会が、分散する危険のあるものを、一致へと促す司祭［牧師］を必要とするのであれば、またもしそれぞれの地区の教会が、同様の仕方で、司教［監督］を必要とし、議長を必要とするのであれば、その場合にはいかにして人々は、世界的な牧者なしに、教会の一致がよみがえるのを目にすることを望み得ようか[11]」。

大学エキュメニカル研究所のメモランダムが、教会的職務の総括的な特徴としての指導の務めに取っ掛かりを見いだしたことは、それゆえ、職務理解の議論を具体的な職務構造とその「階層的」職制の問題に対しても開くことになる。司教［監督］職と教皇首位権の問題は、明確には論じられはしないが、にもかかわらず一般的な職務概念を指導の概念に組み込んだことは、それを超えたこうした問題の議論と解明に対しても、重大な結果をもたらすものである。このことをはっきり認識するならば、ドイツのカトリック司教会議の信仰委員会とともに次のような判断を下すべきかどうかは、きわめて疑わしいことのように思われる。すなわち、「メモランダムにおいてはカトリック特有の取り組み方が括弧の外に出されたままであり[12]」、したがってメモランダムは「エキュメニカルな問題を前進させる上で、貢献をなすものと見なすことができない」、というのである。だが、ゴットロープ・ヒルト(Gottlob Hild)が、メモランダムのカトリック側の共著者たちに、「彼らはこれらすべてのテーゼにおいて……徹頭徹尾カトリックの伝統と伝統的表象の枠内にとどまっている[13]」とのお墨付きを出すとき、彼はより深いところを見てはいないだろうか。実際と違って見えるとすれば、それは明らかにまずもって、メモランダムが聖職者の職務一般という普遍概念に議論を限定してしまい、歴史的な司教［監督］職や、司教と長老の区別、教皇首位権の問題などを明確に論究したり評価したりしていないからである。

このような限定は、職務は何よりもまず教会全体のすべてのメンバーに与えられているものであり、第二次的に初めて特殊なさまざまな職務に分化される、という解釈によって説明される。これは今日カトリック神学において広く普及している解釈である。とりわけそれは、カール・ラーナーによって、原サクラメント（Ursakrament）としての教会という彼の理解の枠内で発展せしめられた解釈である。それはまた以下の限りにおいて、第二ヴァティカン公会議の「司祭の役務と生活に関する教令」の中にも取り入れられたものである。その第一章は、キリストにおいて「すべての信者は聖なる王的な祭司に」なるのであり、「からだ全体の使命に参与しないような」肢体は存在しない（第二条）ということから出発する。しかるのち特殊な職務の論究への移行が、一つのからだの内部におけるさまざまな務めというパウロ的な思想によってなされる。からだ全体に与えられた使命と務めの多様性との間の関係は、メモランダムの議論にとっても基本的である。ここでの思考過程は、教会全体に与えられている宣教の任務から出発し（テーゼ6）、そこからいろいろな形態の務めの要求へと至る（テーゼ8）。テーゼ9は、使徒的模倣の命令は「全体としての教会」に当てはまるものであり、その限りにおいて初めて、「霊の賜物によってその務めへと召された個々の教会員」にも当てはまる、ということを強調する。テーゼ15においてなされている任職［叙任］の論究は、職務は「全体としての教会の使命と結び付いており、キリストの使命への参与として理解されるべきである」ということに再度立ち返る。たとえそれが宣教の任務をより強く強調しているとしても、その思考過程は、この点では、第二ヴァティカン公会議の祭司令の冒頭の章に大いに類似している。ただ違っているのは、使徒的模倣が特に司教［監督］に関係付けられはしないということである。司教［監督］が問題になれば、次には司祭［牧師］が彼らの職務に関与してくるであろうに。この点に関してメモランダムが控え目な態度を取っていることは、使徒的継承に関するかなり広義の概念、つまりすべての教会員を含めた意味での、そしてなかんずく彼らの信仰を考慮に入れた意味での、教会を包括する概念だけからは説明されない。それはまた使徒、司教、司祭の関係について公会議が抱いている理念型的な像が、歴史学的な調査結果と直ちに合致しない、ということからも説明される。テーゼ10は、「……司教［監督］と司祭［牧師］の区別は徐々に根を下ろした」ことを確証する。ここで論究されるべき困難な歴史学的問題に直面して、メモランダムは、全教会に当然帰属する使徒的模倣が、「指導の務め」において特殊な仕方で具体化してことを確証することに自己を限定する。かかる概念の選択は、教会の草創期における司教［監督］と長老の関係に関する複雑な歴史学的な問題(14)に立ち入ることはしない。しかしそれが教会における司教［監督］職の形成に至る発展の積極的評価を含意していることは、すでに強調されたところである。

さて、キリストの使命への参与はすべての信仰者に開かれているが、これとの関わりにおける指導の務めの特質は、メモランダムにおいては、さらに公共性の概念によって特徴付けられる。明確に述べられているように、指導の職務においては、「地区、教区、あるいは世界的なレベルで、共通に関わる事柄［共通の関心事］を公的に代表すること」（テーゼ15）が重要である。H・ミューレン（H. Mühlen）はこの点にプロテスタント的要素が含まれていることを正しく認識している(15)。だがこの契機は、単純に「ルターとその当時の教皇庁との論争から」[16]生じてくるものではない。それは第一義的に論争的な基礎付けを持っているのではなく、原理的な問いから生じてくるものである。それは万人祭司性、つまりすべての信仰者がキリストの祭司職に共通に参与するという考えに照らして、それでもなお教会的職務の特殊性ということがいえるとすれば、それはどの点に存在するかという原理的な問いである。それゆえ、すべての信仰者がそれに参与する、キリストと使徒の使命の公的な代表ということに注意を喚起することは、聖職者の職務に特殊的な特性を認めないことになる、ということは正しくない。ミューレンはこのことを仮定しているので、「公共性のテーゼ」とパウロ的なカリスマの教理との対立を主張することができるのである。なぜなら後者によれば、御霊は霊の賜物の多様性とともに、「その実質的な不平等をも」もたらすからである。[17]しかし聖職者の職務の特殊的な特性、つまり他の霊の賜物や務めとの実質的な相違は、彼らがまさしくすべてのキリスト者に共通に関わる事柄を公的に代表するための全権を委任されているということに存している。したがって、それはまた共通の信仰と共通の使命に立つことにおいて、キリスト者の一致のために配慮することに存している。これこそまさに他の務めと異なって、教会的職務の特別な務めであり、また特別なカリスマである。確かに教会の他のメンバーたちも「礼拝のための集会が有している公共性」に参与する。しかしこのことは、彼らの特別な公的責任が、すべてのキリスト者の一体化という共通のキリスト教的関心を代表することにある、ということを意味するものではない。[18]

「公共性のテーゼ」を批判する人々は、教会的職務の特殊的な特性をどこに求めようとするのであろうか。ミューレンによれば、「カトリックの職務理解の中心」は、「救いは人間を介して伝達される、しかしかかる伝達の業において他の人々に救いをもたらすのは、キリストご自身である[19]」ということに存する。かくしてミューレンは、教職者は会衆に対して、キリストご自身の代理として特徴付けられるとする、ドムベスのグループによる定式化を歓迎する。[20] L・シェフチク（L. Scheffczyk）もまた、教職者が会衆に対してキリストの代理の役割を果たすということの思想が、研究所のメモランダムには欠けていることを残念がり、そこで生じているとされる職務の社会学化と機能化に対して、かかるキリストの代理の思想を対置してない[21]。教職者は会衆に対してキリストの代理の役割を果たすという思想によって、両著者ともカトリック神学において伝統的な解釈に従っており、そしてまた教職者はキリストの三重の職務に参与するということを述べた第二ヴァティカン公会議の表述に従っている。このような表述に対しては、プロテスタントの側からも異議を唱える必要はない[22]。ただ一つ疑わしいことは、キリストの代理（repräsentatio Christi）の思想が、聖職者の職務の特性をすでに特徴付けているということができるかどうかということである。もしすべてのキリスト者は、キリストとの信仰の交わりによって、キリストの職務と使命とに参与するということが正しいとすれば、その場合には、ルターがかつて記したように、各人は他の者にとっていわばキリストのごとき者となるべし（unusquisque alteri Christus quidam f ieri）[23] ということが、そこから結論として出てくる。それゆえ聖職者の職務の特殊性は、まだこの点には存在しないことになる。[24] 信仰者に対するキリストの代理ということが、もし専一的に聖職者の職務に帰せられるとなると、それによって第二ヴァティカン公会議の表述とも矛盾して、キリストの使命に対するすべての信仰者の参与という事実が否定されることになるであろう。キリストの使命への参与ということは、キリストを代表して他の人々のために代弁することを含意している。そこでおそらく問題となるのは、果たしてこの機能を聖職者の職務に、特殊な仕方で、つまり万人祭司制とは区別される仕方で、帰すことができるかどうかということである。このことは否認されるべきではない。問題はただどの点にこのような特殊性が今なお存在することができるか、またその場合何が特殊原理であるのかということである。聖職者の職務に対してそれが取る特殊な形態を際立たせるためには、キリストの代理という思想にさらにそのような原理が付け加わらなければならない。さてメモランダムの解釈によれば、公共性の視点、つまりすべての信仰者に共通に関わる「事柄」を公的に代表するという視点こそが、まさにこのことをなすのである。それというのもかかる「事柄」においては、キリストの使命に対する信仰者の参与が問題だからである（テーゼ15）。まさに信仰者に共通に関わる事柄は、信仰者に相対向して教職者によって代表されるのである（テーゼ7）。この意味においては、誤解を招くような独占的連想なしに、次のようにいうことができる。教職者は、教会の他のメンバーに対して、キリストの代理として、キリストの位格において（in persona Christi）、行為するのである、と。このことは、教職者が聖餐式を司ることによって、具体的に表現されるところである。さて、教職者は教会の他のメンバーに相対してキリストの位格において行為するという定式は、もちろんメモランダムの中には見いだされない。もしメモランダムの著者たちが、かかる定式化を明確に受け入れておれば、あるいは多くの批判を受けずに済ますことができたかもしれない。しかしその時々どちらかの側に耳慣れた言い回しを含んでいるかどうかということは、エキュメニカルなテキストの正統性を測る十分な尺度とはおそらくなり得ない。いずれにせよ、メモランダムの著者たちは、読者や評者が異例の定式化においてもなお事柄そのものを認識することができるであろう、と考えたのであった。

メモランダムの職務理解は、それゆえ指導という視点を公共性のそれと結合している。この二つの視点は単に外的に並存しているのではない。むしろ指導の特性と課題は、教会の他のメンバーに対して共通の事柄を公的に代表するというまさにそのことから生じてくる。かかる共通の事柄を、宣教されたキリストと彼の使命を、教会のメンバーに対して、彼らの共通の事柄として妥当ならしめるということは、すでにその信仰における、そしてその使命に向けての、教会の一致を、それゆえ指導を含意している。指導の諸機能は、より正確には、信仰の内容に対して自己を開放するよう信仰者を激励することとして展開される。さらにそれはさまざまな賜物を、信仰の共通の事柄へと向けて、調整し統合することとして展開される。その限りでは聖職者の職務は、結局のところ、信仰者自身に向けて、信仰の共通の事柄を代表することであることが明らかになる。なぜ人々がこのような記述を教会的職務の「社会学化」とか「機能化」などと、あたかもそこでキリスト教に特有な内容の均等化が問題となっているかのように非難することができたのか、どうもよくわからない。(25) なにしろ教会指導の務めの「機能的な基礎付け」を展開すべしとの要請(26)は、決して何らかの世俗的な意味を持ってはいないからである。むしろそれは、教会の社会的生活連関における教会指導の職務の機能を明確にめざしている。その要請は「教会的・社会的」に理解されなければならない。もし指導の務めの機能は、「まずもってサクラメントや聖別式に関連しないかたちで」理解されるべきである、との付記がなされるのであれば、職務理解のサクラメンタルな狭隘化と、それに対応した教会の意識における教職者の別格化とに対するそのような留保は、確かに余計なものではない。ついでながらそのことによって、教会のサクラメンタルな生の中への職務の組み入れに対して、異議が申し立てられているのではない。特にこのことが、キリストと教会を結び合わせる救いの秘義という新約聖書的な概念の意味で理解される場合には、そうである。

メモランダムの諸テーゼは、職務と任職［叙任］のサクラメンタルな本質に関する問いを、意識的に背後に押しやっているが、それは「サクラメント」という表現が、神学的な用語法においては、きわめて千差万別に用いられるからである。それゆえ、まずは事柄そのものについて合意し、しかる後それに対してサクラメントの概念を用いるべきかどうか、またいかなる意味で用いるべきか、を熟慮することが得策である。したがってテーゼ16において、そのような名称付けは「言語規定」の問題であるといわれるとき、それは納得できるところである。そのことによって、カール・ラーナーによって造られた教理解釈学（Dogmenhermeneutik）という概念が、意識的に受け入れられる。[27] その概念がまずもって意味するところは、用語上の問題が重要であるということである。サクラメントの概念をかなり広くとらえたかどうかによって、任職［叙任］をサクラメントのうちに数えることができたり、あるいはできなかったりする。しかし実際の教会においては、あれやこれやの用語が伝達上の拘束性を獲得している。このことが言語規定の概念における第二の契機である。それゆえ、個々人が「サクラメント」の概念を用いるかどうか、またどのように用いるかということは、単純にどうでもよいことではなく、したがって個々人の好みに委ねられるべきではない。それにもかかわらず、今日サクラメント概念を用いる場合には、避け難い困難が存在している。そのような困難が持ち上がってくるのは、当該行為――たとえば任職［叙任］の――そのものの解釈は広い合意が得られるが、ただそれをサクラメントと名付けるかどうかは議論の余地があり得る、という理由によるだけではない。[28] むしろ今日ではそれ以外に、宗教改革時代に並存していたサクラメント概念の諸解釈のあれやこれやについて、厳密な神学的基礎付けを与えることもまた困難である。神によって基礎付けられた象徴的な行為という、アウグスティヌスにさかのぼる中世のサクラメント解釈も、イエス自身による制定をサクラメント概念使用の条件として要求した宗教改革者たちのより狭い解釈も、[29] ともに聖書にまでさかのぼることができない。そこでは確かに秘義（mysterion）なる概念が用いられるが、しかしそれは非常に包括的な意味で用いられる。それゆえエペソ人への手紙三章四節以下では、この概念は異邦人を含めた神の救いの決定を表しており、またコロサイ人への手紙一章二七節では、神の救いの決定におけるキリストと教会の一体性を表している。こうした言表は非常に重要であるので、今日サクラメント概念を用いる場合に、その概念を最初から一定の制度化された行為に押し込めようとして、それらを無視してはいけない。むしろわれわれは、キリストとの交わりにおける教会の霊的現実から出発しなければならない。このことこそ、新約聖書的に見て、救いの神秘、つまり終わりの時に明らかになる神の救いの計画の内容である。この意味では、現代のカトリック神学において発展された、原サクラメントとしての教会という解釈に同意すべきである。ただもちろんその場合、教会はそれ自体としてではなく、キリストとの交わりにおいて見られるべきである。[30] 教会のサクラメンタルな現実についてのそのような包括的な概念は、「キリストの秘義——それはまた教会の秘義でもある——が、特に意味深長な仕方で、一定の制度的な象徴的な行為に集中化される」[31] ということを排除するものではない。任職［叙任］の行為は、おそらくそのような意味で、「サクラメント」として特徴付けられるのではなかろうかという問題も、かかる見地から論究されるべきであろう。しかし十六世紀のプロテスタント的立場が要求したように、そのためにはイエス自身にまでその設定を遡源することが必要である、というわけではない。

しかし、任職［叙任］一般の意味に関して相互理解することのほうが、この問題を解明することよりもより重要であると私には思われる。これに対するメモランダムの最も重要な言表は、任職［叙任］は「任職［叙任］される人にとって、その人の存在の全体が要求されること」を意味する、とのテーゼ17の確認であるといってよかろう。任職［叙任］に関する他の特殊的な言表はすべて、ルター派神学とカトリック神学との間の争点には触れない。[32] 実際的にもまたこうした争点は、テーゼ17において言及されている事態、つまり任職［叙任］は任職［叙任］される人の「全存在が要求されること」であるという事態に集中する。事柄の上では、このような定式化によって、任職［叙任］によって分与されるサクラメンタルな性格について述べたカトリック的教理の意図が受け入れられているのである。しかしこの教理と結び付いてきた、誤解を招きやすいそして部分的に間違った派生的解釈、すなわちサクラメンタルな性格は、平信徒よりも聖職者のほうが個人的により高い恩寵状態にあることを根拠付ける、といったような派生的解釈はなされない。そのような派生的な考えを排除すれば、聖職者の「全存在が要求されること」という定式はサクラメンタルな性格についての教理の中心的関心に関わるので、この定式化がカトリック神学者たちによってのみならず、[33] プロテスタント側の教職者たちによっても積極的に受け入れられたことは意義深いことである。すなわちこの定式化は、ドイツのルター派教会と合同教会を母体とするアルノルトスハイン会議によって発表された、メモランダムに対する一九七三年十月の声明において、積極的に受け入れられたのであった。もちろんアルノルトスハイン会議は、「教職者はただ一度きり任職［叙任］される」というメモランダムの結論（テーゼ17）

には、まだ同意することができなかった。メモランダムにとっては、バプテスマとの類比において、全存在が要求されることから、任職［叙任］の一回性ということが帰結される。これに対してアルノルトスハイン会議は次のように考える。「もし教会が、以前に委託した任務が失効したのちに新たな委任をなす場合に、任職［叙任］の更新を執行すべきであるとすれば、そのときには任職［叙任］される人の全存在が要求されることとしての任職［叙任］の本質は、放棄されない」ように思われる、と。しかしながらメモランダムの定式化における肝心な点は、「全存在が要求されること」としての任職［叙任］は、あらゆる限定的な委任——一定の職務領域における聖職授与（Investitur）がこれに対応しているが——に対して、無限定的かつ無条件的な性格を有している、ということである。それゆえ任職［叙任］と聖職授与とは、メモランダム（テーゼ22d）では厳密に区別される。アルノルトスハイン会議の声明は、この点で——別の箇所でも按手の不可欠性に対する懐疑をもってしているように——、プロテスタント側でも六つのエキュメニカル研究所の神学的コンセンサスが依然として直面している困難のいくつかを認識せしめる。職務に関するエキュメニカルな対話の続行にとって、任職［叙任］の一回性の問題について、またそれと関連している任職［叙任］と聖職授与との区別について、プロテスタント内部で判断形成をすることに、特別な意義が帰せられるであろう。任職［叙任］を聖職に任ぜられる人の存在全体が要求されることとして規定しているこの定式を積極的に受け入れることは、それだけますます重要なものとなる。それは欠かすことのできない解明のプロセスにとっての出発点であることがわかる。

六つの大学［エキュメニカル］研究所のメモランダムによって、教会的職務の相互承認に関するエキュメニカルな一致がすでに実現されたであろうか。メモランダムは、そのような承認行為の神学的前提に関して、六つの研究所の間で一致が見られることを表している。しかしそれ以上でもそれ以下でもない。これに対しては、カトリック側だけでなくプロテスタント側でも、そのような一致にはまだかけ離れた、多数の神学的立場や教会職務的な立場がある。このようないろいろな立場に対して、メモランダムは単なる問い掛けを意味するだけである。そしてたとえばアルノルトスハイン会議によって要望されていたような、神学的議論やさらに教会の公式交渉における問題の一層の解明が軌道に乗ることに対して、寄与するところがあるとすれば、これはその目的を十分に果たしているのである。

注

（1）一九七四年一月一六日にマインツのヨーロッパ史研究所（Institut für europäische Geschichte in Mainz）でなされた講演。

（2）Löwen 1971, Beiheft 18/19 zur Ökumenischen Rundschau, 1971, 78.

（3）Catholica 27, 1973, 191.

（4）Una sancta 25, 1970, 107-115.

（5）G・ガスマンは、Lutherische Monatshefte 1973, 195ff ならびに KNA Nr. 20, 9. Mai 73 でそう述

べている。ガスマンは正当にも、個々の予備研究においては——テーゼと違って——「多様性における一致についてのきざしが見られることを指摘している。

（6） W. Kasper: Ökumenischer Konsens über das kirchliche Amt?, in: Stimmen der Zeit 191, 1973, 219-230. 特に二二五頁以下。

（7） K. Rahner: Vom Sinn und Auftrag des kirchlichen Amtes, in: FAZ von 14. 2. 1973, S. 8.

（8） K. Lehmann: Ämteranerkennung und Ordinationsverständnis, in: Catholica 27, 1973, 248-262. 引用箇所は二五〇頁。

（9） Luther 44, 1973, 49-65. 引用箇所は五三頁。

（10） Una sancta 25, 1970, III.

（11） Herderkorrespondenz 27, 1973, 384.

（12） Herderkorrespondenz 27, 1973, 159.

（13） Materialdienst des konfessionskundlichen Instituts in Bensheim, 24, 1973, 34.

（14） これについては、W・カスパーの論文 W. Kasper: Zur Frage der Anerkennung der Ämter in den lutherischen Kirchen, in: Theologische Quartalsschrift 151, 1971, 97-104. 特にその九九頁以下を参照のこと。この問題は宗教改革者たちにもよく知られていた。それも特にヒエロニムスを通して知られていた。かくしてメランヒトンは教皇の権力と首位権について論じた小冊子において、明確にヒエロニムスを引き合いに出しながら、次のように記している。すなわち、「監督と長老は異なっているのではなく、すべての牧師は同時に監督であり司祭である」、と。(Die Bekenntnisschriften der evang.-luth. Kirche, 1952, 489f. 同様のルター解釈については、現在では、P・マンスのP. Manns:

Amt und Eucharistie in der Theologie Martin Luthers, in: Amt und Eucharistie ed. P. Bläser, 1973. 特に一六三－六四頁の注176を参照。）両者の相違は「人間的な秩序からのみ」使用されるようになったと主張される。もちろんこのことは、メランヒトンにとって、この区別を最初から棄却する理由とはならない。むしろ彼はさらにヒエロニムスを引用して言う。「しかし一方のもの——それは他方のものを自らのうちに包摂しているのであるが——だけが選ばれた。そのようになったのは、それによって拡散を阻止するためである」、と。それゆえ長老から監督職を区別し、前者に対して後者を上位に位置付けることは、教会の一致の保持のために生じたものであり、その限りではルター派の信条においては徹頭徹尾積極的に評価される。それに対応して、このような判断は、地区以上のあらゆる指導的職務に、つまり教区のレベルならびに世界的なレベルにおける指導的職務に適用されることができ、したがってまた教皇職にも適用されることができる。このように見ると、このようないろいろな職務の形成において、教会的職務一般の根本特質、つまり信者の一致のための責任が、その表現を見いだしたのである。したがってルター派の信条書において、繰り返し次のようにいわれていることは、理由のないことではない。すなわち人々は「愛と一致のために」（「シュマルカルデン条項」III、上記の信条書の四五七頁）、監督の任職と堅信の特権を尊重しなければならない。さらに牧師と教会は監督に従順であるべきである（「アウグスブルク信仰告白」第二十八条）。プロテスタントの信徒は、「諸手を挙げて……旧来の教会秩序と監督支配の保持に協力する。そうすれば監督はわれわれの教えを許容し、われわれの祭司を受け入れようとするだろう」（「アウグスブルク信仰告白書の弁証」14）。地区以上のレベルでの指導の職務は、特別な職務一般の本質の中にその根拠を有しているが、このような指導職が教会に対して有する意義は、プロテスタントの側でも再び良く認識され評価されなければならない。このような職務がなければ、教会の可視的な形態はキリスト教信仰が告白する一致をいささか欠くことになる、ということを洞察することが肝心である。

(15) H. Mühlen: Das mögliche Zentrum der Amtsfrage, in: Catholica 27, 1973, 329-358. ここでの当該箇所は三五〇頁。なお三三六頁以下ではJ・アールツ J. Aarts: Die Lehre Martin Luthers über das Amt der Kirche, Helsinki 1972 とH・リーベルク H. Lieberg: Amt und Ordination bei Luther und Melanchthon. 1962 に言及している。しかしルターが職務にとって特別の霊的才能を後に強調したことは、ミューレンが仮定しているように、この公開性のテーゼと矛盾するものではない。

(16) ミューレン、前掲論文、三五〇頁。

(17) 同上、三五二頁。

(18) ミューレンも三五三頁で、これを次のように認めている。すなわち「誰かが《共通の事柄を代表すること》を公的に委任されており、したがってその人が単に会衆の面前でのみならず、教会の名前においても明確に語るのと、そうでないのとでは、当然違いがある」、と。このことこそまさしくメモランダムの主張するテーゼである。それゆえミューレンが、そのような「公的な委任は特別の召命を前提としている」と続けて言うとき、これもまたメモランダムと完全に一致している。したがってなぜ論争になるのであろうか。かかる召命は「まずもって組織能力に存する」といえるだろうなどとは、メモランダムによっても主張されなかった。その代わりに「職務への召命」としての任職［叙任］について語られる(テーゼ15)。

(19) 同上、三四三頁。

(20) 同上、三五三頁。

（21）L. Scheffczyk: Die Christuspräsentation als Wesensmoment des Priesteramtes, in: Catholica 27, 1973, 293-311. もちろんシェフチクは、E・シュリンクがメモランダムに対するハイデルベルクでの予備研究において、「この思想を受け入れている」（二九七頁、注18）ことを指摘している。彼はまたメモランダム自体のテーゼ7を参照するように指示することもできたであろう。そのテーゼにしたがえば、「イエス・キリストによって委任された者たちとして」の使徒は、「教会の」他のメンバーとは「相対向して」立っていた。

（22）P・E・ペルッソン P. E. Persson: Repräsentatio Christi. Der Amtsbegriff in der neueren röm.-katholischen Theologie, 1966, 176f は、別様のとらえ方をしている。ペルッソンによれば、「キリストの救いの業における神的要素と人間的要素の区別」は、神に対する人間的協力を可能にするのであるが、かかる区別によって初めて、「教会の職務担当者によるキリストの職務の《代理》という表象も可能となる」のである（一七六頁）。

（23）［ワイマール版『ルター全集』］WA 7, 66, 3 ff. これについては、Th・シュトイドレ Th. Steudle: Communio sanctorum beim frühen Martin Luther, Diss. Mainz 1966 の六七頁以下ならびに一〇七頁以下を参照。

（24）カトリックの著者たちのひと昔前の見解と同様（ペルッソン一一六頁以下参照）、ミューレンも三四三頁以下において、次のことを考慮していない。すなわち「他の人々のため」という観点は、教職者によるキリストの代理にとって初めて固有のものとなり得るのではないということである。なぜなら、それは万人祭司性に帰されなければならないからである。

（25）シェフチク、前掲論文、二九四-二九五頁。

（26） Reform und Anerkennung kirchlicher Ämter, 1973, 175.

（27） K. Rahner/K. Lehmann: Kerygma und Dogma, in: Mysterium Salutis I, 1965. 特に六九三−六九六頁。

（28） もっともK・レーマン K. Lehmann: Ämteranerkennung und Ordinationsverständnis, in: Catholica 27, 1973, 248-262 は、（特に二五四頁で）次のように考えている。すなわち、任職［叙任］に関するメモランダムのテーゼにおいては、事柄そのものも保持されていない。なぜならそのテーゼは、約束された恵みに関する象徴的行為の有効性を素通りするからである、と。しかしながらこれは、任職［叙任］を全権を委託された職務への任命として記述している、テーゼ15を誤解したものであるといってよかろう。テーゼのこうした筆致からすれば、最後の文において用られている約束の概念は、有効な約束の意味に理解できると請け合ってもよかろう。有効な約束という概念がここで明確に用いられておれば、確かに定式化の正確さを高めたであろう。まさしくこのテーゼは、さらに任職［叙任］の行為の際のエピクレーシス（聖霊を求める祈り）に関連させることによって、全権委任と約束の概念を明確化できたであろう。もっともそれに直接先行するテーゼ14は、すでに「イエス・キリストの一なる霊の力における神の召命」について語っている。

（29） K・レーマンは前掲書二五一頁で奇妙にも次のように考えている。すなわちここには、「明らかに」私の個人的な解釈に遡る、「現代的なサクラメント概念」が存在する、と。けれども彼によって引用された「教会の神学へのテーゼ」（一九七〇）において、もしサクラメント概念を保持しようと欲するのであれば、ミュステリオン（秘義）についての原始キリスト教的意味にまでさかのぼらなければならない（テーゼ97）ことが、はっきりと述べられる。メモランダムに向けてなされたミュンヘンの予備研究は、そのようにして基礎付けられたサクラメント概念の保持という意味において、同様の見解をより積極的に述べている（Reform und Anerkennung kirchlicher Ämter, 1973, 199）。そのほかに、私はK・レーマンが同席している場で行った講演の中で、イエスによる制定とサクラメント概念を結び付ける宗教改革的なやりかたに対して、きっぱりと批判的に対決した（Die Problematik der Abendmahlslehre in evangelischer Sicht, in: Evangelisch-katholische Abendmahlsgemeinschaft? 1971, 12f.）。本書の一八七―二三〇頁を参照のこと。

（30） Reform und Anerkennung kirchlicher Ämter, 1973, 198.

（31） 同上、一九三頁。H・ミューレン（Catholica 27, 1973, 351）は、これに対して正当な問題を提起している。すなわち、「なぜ《テーゼ》においては、この次元がはっきりと主題化されていないのか」、と。テーゼ16では、それは他の諸々の可能性のうちの一つの可能性としか呼ばれていないが、このことは、すべての研究所によって受け入れられたことだけがテーゼの中に含まれている、という単純な事実から説明される。同様に、ミューレンの不審の念を掻き立てるような事態、つまりテーゼ17によれば、ただ「かなり多くの人」が聖職者の存在の全体が要求されることを「職務の宗教的特徴」と名付けるにすぎないという事態も、これで説明がつく。

（32） ここからテーゼ15の結びの言葉においては、K・レーマンが正当にも非難した（前掲書、二五〇頁）不明瞭性に目をつぶることができたのである。そこにおいては、メモランダムに関与したいくつかの研究所が、任職［叙任］と職務上のカリスマに関して、完全な合意に達することができなかった、ことが表現されている。その場合特に問題となるのは、任職［叙任］は、それ自身から区別されるべきカリスマ的な召命を、教会的職務のために前提とするのか、あるいはかかる召命は任職［叙任］の行為そのものによって執行されるのか、あるいはいかにしてこの二つの視点は結合することができるのか、ということである。確かにテーゼ15は任職［叙任］そのものを召命として特徴付けている。したがって、この視点が前面に出ており、結びの言葉はそのような召命が職務上のカリスマの約束と結び付いていることを強調している。しかし同時にそのテーゼは、個々の場合に対して、任職［叙任］をすでに受け取られたカリスマの確認として理解する可能性も残している。しかしながら、任職［叙任］をすでに存在しているカリスマの承認へと限定することは、ここではまさしく回避されている。その限りではこのテーゼは、K・レーマンの仮定（二五〇頁）に反して、『教会的職務の改革と承認』の巻の一三四頁の注10においてなされた、E・シュリンクの評論に考慮を払っている。

（33） W. Kasper, Ökumenischer Konsens über das kirchliche Amt?, in: Stimmen der Zeit 191, 1973, 219-230. なかんずく二二四-二二五頁。

（安酸敏眞訳）

主の晩餐――一致のサクラメント［*1］

今日のキリスト教世界では、ますます過去の宗派的な対立は時代後れであるという意識が広がっている。現実の経験の地平において、また今日の世界におけるキリスト者の一致という課題に直面して、新しい、あるいは過去から引き継いだ論争に煩わされることのないキリスト教信仰の理解が必要であるし、また可能であるように思われる。宗派的には異なった伝統からなるキリスト者とのさまざまな出会いにおいて新しい交わりが経験されている。エキュメニカル運動は、すでにこのようなさまざまな具体的・現実的な接触によって、この運動が主として神学と教会指導（Kirchenleitung）の事柄として価値があるのだ、というような認識の段階を越えてしまっている。それどころか、エキュメニカルな考え方はますますキリスト教会の信者たちの意識を変えてしまっているのである。教会一致への願いは、しばしば信頼に足るキリスト者の条件として一般的には意識されており、われわれの時代の宗教的敬虔の重要な傾向の一つとなってさえいるのである。

しかし同時にあちらこちらで苛立ちや不満が生じている。それらは諸教会の現実の状況やキリスト教の新しい一致を進める者たちに失望を感じさせるような延滞状況によって引き起こされている。ひとは信仰意識の相互理解を経ていないような希望的観測に基づく一致や、さまざまな軽率さを避けるためとか、また新たな分裂を導きかねないので慎重になるべきだ、というような正当な理由を持ち出して、このような延滞状況を説明してみせる。しかしエキュメニカル運動へと向かう現実の生き生きとした宗教性のほうが、諸教会の公式の見解よりも、キリスト教の一致という意識においてははるかに先行してしまっている状態では、そのような意見は何らの説得力も持ち得ない。それにもかかわらず、エキュメニカル運動の展開の中で起こっているこのようなアンバランスな事情は、それ自体としては、エキュメニカルな一致のプロセスにとって［否定的な側面ばかりではなく］積極的な意味を持ってもいる。というのもこのような教会とエキュメニカルなグループによるエキュメニカルな活動の［対立という］現実は、教会指導において全体教会という視点を持ったより広い調整を可能にするからである。

これらすべてのことは、一般に教会指導において正当なこととして認められていることである。それにもかかわらずキリスト教の交わりのより前進した意識に至ったエキュメニカルなグループが、この経験を共同の聖餐式（Eucharistiefeiern）において確認しようとすると、カトリックのみならず、プロテスタントの諸教会においても、憂慮すべき、それどころか承服できないような対応がなされるのである。エキュメニカルなグループの主の晩餐の交わり（Abendmahlsgemeinschaft）に対するこのような対応は、従来の解釈と実践とに基づく主の晩餐の交わりが意味していることが、完全な教会の交わり、すなわち教説における一致と同様、職制の相互承認をも含めた完全な教会の交わりの表現と確信とであるということとも関連している。カトリックとプロテスタントとの関係において、しかしまた多くのプロテスタント諸教会間の関係においても、この種の前提がいまだに相互承認されていないので、今日多くの責任ある、思慮深い神学者や教会政治の責任者たちには、エキュメニカルなグループの共同の主の晩餐がいまだ到達していない一致の下での、未公認で幻想的で拙速な行動に思えてしまうのである。

人々が思い浮かべるようなエキュメニカルなグループが行う早急な主の晩餐の交わりに対する疑念は、聖餐式はキリストの教会の完全な信仰の交わりのしるしであるという考えに基づいている。しかしキリストの教会に生きるキリスト者の一致はキリストによる信仰の一致にその根拠を持っているはずである。「わたしたちが祝福する祝福の杯、それはキリストの血にあずかることではないか。わたしたちがさくパン、それはキリストのからだにあずかることではないか。パンが一つであるから、わたしたちは多くいても、一つのからだなのである。みんなの者が一つのパンを共にいただくからである」(Iコリント一〇・一六以下)。キリストのからだ(Leib)にあずかることによるキリストとの交わりは、キリストのからだとしてのキリスト者の交わりの根拠である。そのことのゆえに聖餐式は、すでにある教会の一致の表現やしるしであるだけではなく、キリスト者の一致がそこから生じ、繰り返し新たにされるための源泉であり、根源でもある。このことは、主の晩餐における交わりを教会の一致のプロセスの最終地点に置く必要はなく、主の晩餐の交わりはこのプロセスの最終地点への途上にあって、すでに現在化しているキリストの力でもあり得るという考え方を支持している。

事実、聖餐式というのはキリストの死を思い起こさせるということで、ただ過去へと向かっているのではなく、同時に希望の現れの出来事でもある。新約聖書の主の晩餐についての報告は、明らかに神の国における将来の食卓での交わりとの関連を示している。聖餐論（Abendmahlslehre）の歴史において、そのことはようやく今日一般的に認識されるようになったという状況であって、多くの場合これまであまり注意されてこなかったことである。しかし他方で、もし主の晩餐が祝われる交わりにおいて、神の支配における将来の交わりがすでに今「先取りされて」祝われているとするなら、またもし聖餐の交わりが一人の主の再臨を現在化するものであるなら、聖餐式における教会の一致も希望という形の中にあり、「まだ」現実化していないものなのではないだろうか。また、単にすでに到達した一致というような形式ではあり得ないのではないだろうか。主の晩餐の祝いの現在の交わりにおける共通の希望がキリストの晩餐の祝いにおいて基礎付けられたり、それによって強められるということはあり得ないのではないか。世界教会協議会の信仰職制委員会は、昨年（一九六九年）出版された研究報告において次のように述べている。「聖餐式において、教会はただポンテオ・ピラトのもとにおけるキリストの死を思うだけではなく、神の国における最終的な完成にも目を向けるのであり、この現実性の前味について、教会はイエスの生きておられた時代に知られていたように、いつでもどこでもそれを知り得るのである。……神の国のこの前味は人類を和解へと、また新しい生へと招いている。創造的な先取りの力によって人間の将来への不安に打ち勝ち、人類の共同体を築くための不断の変革という勇気ある行為によって、人間を自由にする」。すなわち聖餐式の中心的、キリスト教的な意義は、またサクラメントとしての理解は、まさに聖餐式における最終的な一致への途上において、また人類の一致への途上との関連において、キリスト者によってまったく新しく経験されるようなものなのである。

主の晩餐の交わりについての議論にとっての決定的な視点は、イエス・キリストご自身が主の食卓に加わっておられるということであり、またその交わりへと招いておられるということにある。この招きはイエスの弟子たちへと向けられている。しかし同時にまたこの招きに、イエスの公生涯においてなされた際限のない、また広範囲に及ぶ招き、たとえば収税人や罪人との食卓の交わりも含まれているのである。そして彼らはこの交わりを通して主と結び付けられ、神の支配の希望にあずかっているのである。イエスのこの広範囲な招きに、教会がさらにイエスの晩餐の食卓にあずかるためのさらなる条件を付け加えることで、何らかの制約を加える権限を持っているのだろうか。昨年［一九六九年］出版されたアメリカのイエズス会の神学者が主の晩餐の問題について解説している書物の中にあるように、教会は「なるほどサクラメントの……管理者であるが、教会は主ではない。サクラメントの主、聖なる食卓の主は、招き、分かち、それを制定するイエス・キリストである。またイエスは教会と諸教会との主である。主によって違いは克服されており、その分離はすでに乗り越えられているのである」。生前のイエスが与えられた食卓の交わりのゆえに、教会とその教職は（彼らが祭壇におけるサクラメントの奉仕をイエスの制定された奉仕として理解する限りにおいて）主イエスの食卓にあずかることに、誠実さをもって加わろうとするものを誰も締め出すことはできないのである。サクラメントの執行者は［聖餐式に］参加するにあたっての資格については、もっぱらただこのような誠実な意志を持っているかどうか、あるいはむしろイエスによって始められた晩餐に加わることによってイエスと交わるという誠実な意志を不可能にしてしまうような事情とは一体何であるのかということをよく認識しているかどうか、この点にこそ注意すべきなのであろう。またそのことのゆえにあらゆる聖餐式への参加資格の制約は（それには洗礼を受けたキリスト者という制約も含まれるのであるが）正当化されるし、それはその時には合法的なのである。

聖餐論（Abendmahlslehre）の宗派的相違

これまで多くの教会において、陪餐資格の問題を宗派的な相違に見いだしてきたし、今日においてもなお聖餐論の相違が宗派の分裂の根拠として引き合いに出されている。そのために主の晩餐の交わりはプロテスタントとカトリックとの間では不可能なこととなっている。しかしここでは第一に、かってのようなミサにおける犠牲の意味についての伝統的な教義の違いや、神学的議論における聖体変化の問題についての相違は、今日ではその著しい激しさを失ってしまったといわねばならない。そして第二に、信仰生活にとっての、またサクラメントの執行にとっての教義や教説の違いの意味は、今日ではおそらく一般的には、その問題［が生じた］教会の歴史の初期の段階とではその評価が異なってきているということもいわねばならない。

第一の点に関していうならば、キリストの現臨の問題、聖餐式における犠牲の問題、そして同様に聖餐式におけるエピクレシスの意味の問題についての昨年［一九六九年］の［世界教会協議会の］信仰職制委員会の神学的な討議に基づく研究報告は、正当にも次のことを確認している。すなわち「この領域において増大した一致は、今日のような発展についての神学的な知識を持ち合わせていないならば多くは驚くべきことばかりであろう……」。実体変化の教説と宗教改革の諸教会との対立は、今日では意味の変化の思想（意味転換）（Gedankens eines Bedeutungswandels（Transsignifikation））、すなわちこのようなものとして事柄それ自体の変化を理解しようとする思想の導入によって、時代後れのものとなっている。他方でカトリック神学は、今日犠牲としてのミサは、一度限りのキリストの犠牲の反復であると考えており、それゆえにキリストの犠牲の一回性をそこなうと初期宗教改革者が批判した、サクラメントの代理的な性格の強調による聖餐式の執行によるその度ごとのキリストの充満という考えを明らかに解消してしまっている。キリストの信仰にあずかること、キリストに属するということはプロテスタントの信仰理解の中心的なモティーフなので、キリストの信仰にあずかることがキリストの死の犠牲の意味にも及び得るということ、詳しくいうならばキリストの死がこのような意味を持っているということであるなら、その立場はプロテスタントにとっては困難であり、認められないことである、ということであった。確かにラテン的な伝統におけるイエスの死の犠牲的な性格の片寄った強調においては、神の怒りへのイエスの和解の業《わざ》の意味は明らかだった。しかしそれは別の問題であり、神学的なレベルでの相違であり、それはほとんど教会を分離させるような対立とはいえないし、とりわけ宗教改革の神学が、イエスの犠牲のこのような理解によって分裂しているということはあり得なかったのである。

それゆえに神学的な諸形態の多様化と、とりわけその対立が信仰における一致を繰り返し不可能にしているのではないという認識は、今日では多くの支持を得ている。たとえば、宗教改革時代の神学的対立は、異なったパースペクティヴによって、また神学的言語の違いによって、人が互いに肝心なことは議論ぜずに、深く対立している問題について決定することを困難にするような状態を引き起こした。神学的パースペクティヴのこのような制約された視点が、神学者たちがこの問題と取り組むことを断念することのきっかけとなってはならないのである。神学者たちはそれとは逆にキリスト教の信仰の確信に新しい評価を与え得るのである。というのは、信仰生活の現実性、とりわけ聖餐式にあずかることの現実性は神学的な熟考なしに十分には到達され得ないからである。信仰にとっての神学的な定式化の意義は過去においてはしばしば過大評価されてきた。この過大評価を撤廃すること、とりわけ分裂してしまっている神学的認識を撤廃することは、今日神学の重要な課題の一つであり得るだろう。しかしそれは神学を断念するということではない。そのことは教会生活の他のどの領域よりも、聖餐的敬虔において明らかになる問題なのである。キリストとの食事にあずかる者は誰でも一つの交わりと関わりを持つのである。すなわちイエスとの交わりと同時に、この食事に加わる他のすべての者との交わりに加わるのである。それゆえにこの交わりの現実性は人間的な理解に先行しているのである。このことはキリスト者の主の晩餐の交わりにおける宗派的自己理解を異にする他の伝統との交わりにおいて、特にその意識によってこそ明らかとなることである。また逆にこのような経験はそれぞれ経験している交わりにおける信仰理解をさらに深く認識することにもなるのであろう。

それにもかかわらず職制の問題は残ることになる。伝統的なカトリックの解釈によればただ法的に叙階された司祭だけが聖餐式を正しく執行することができる、ということになっているからである。かつてはプロテスタント教会において執行される聖餐式で、キリストがそこに現実に臨在すること、そしてそこでキリストと結び付けられるということは否認されていた。それに対してプロテスタント教会の側では、ローマ・カトリックのミサにおいてキリストが実際に臨在すること、そして信者たちによって受領されることを否定しなかった。しかし第二ヴァティカン公会議においてプロテスタントの主の晩餐に対するカトリック教会の拒絶は限定を付されているものの、承認されている。もしプロテスタント教会の法的な位置がもはや直ちに拒否されないのならば、この両教会におけるそれぞれの職制の評価もそこから引き出すことができるはずである。

教会の職制の相互承認

信仰者と洗礼を授けられた者の全信徒性という考えによる職制のプロテスタント的な基礎付けと、カトリック神学において支配的な、職制は何はさておき使徒的伝承として与えられ、そしてその後初めて個々の職制を組織立てるという解釈は、互いに密接な関係にある。とりわけプロテスタントにおいても公の職務を果たす教職と全信徒の祭司性とを単純に同一視しないということを、否認する必要性はない。さらにそれに加えてプロテスタント教会も使徒的伝承とこの世における使徒としての使命を自覚しており――その使命というのは、宣教の課題と並んで、信仰共同体の管理の奉仕を含んでいるが――したがって両方の教会の職制の相互の承認を原理的に不可能であると見なす理由はどこにも見いだせないはずである。その場合当然キリスト教における高位聖職者の問題を避けて通ることはできないが、ひとはここですでになされているような職務についての解釈と別な何かを必要とはしないであろう。

主の晩餐における交わりの問題が、諸教会によって黙認されるだけではなく、プロテスタントとカトリックの聖職者によって執行される公式で正規な聖餐式が承認され、一致した典礼において祝われるということは、おそらく、さらに諸教会の相互承認のプロセスが前進した段階においてだけ可能になることであろう。それに対していわゆるオープン・コミュニオン（offene Kommunion）[*2]、すなわちある教会の主の晩餐に他の諸教会の会員が加わることを許可するということは、これまでの諸教会の関係の発展段階において、すでに適当なものとして受け入れられている。いわゆるオープン・コミュニオンは、すべての弟子たちは、一人の主に招かれているということにふさわしい。それぞれの教会は、その特別な形式において礼拝し、それを妨げられることはあり得ないが、このような状況に直面して、イエスの弟子である他の教会の会員を、その礼拝において拒否することももはやあり得ないはずである。オープン・コミュニオンは今日ではほとんどの領域でなされており、諸教会においてもそれは黙認されている。

次の段階は相互にオープン・コミュニオンをすることについての、諸教会の職制に関する申し合わせであろう。そして他の教会の主の晩餐に参加するということは、相互の教会の会員の一般的な意味での承認とも結び付くことでもある。ドイツのプロテスタント教会の間ではすでに存在していることのような承認は、今日ではもはやカトリックとプロテスタントの関係においても、現実不可能なものとは見なされてはいない。というのは特に他の教会の主の晩餐の承認ということは、相互の教会であらゆる点が、同じ価値を持つものとして一致して結び合わされねばならないというようなものではないからである。すでに相互の聖職者によって共同に司式される共同の聖餐式を行っているエキュメニカルなグループや信仰共同体も存在しているのである。その場合共同の典礼をめぐって生じるさまざまな問題は、従来の慣習の修正によって、あるいは多かれ少なかれ執行される典礼の秩序を緩めることによって克服しようと努力されている。共同の典礼によるこのような共同の主の晩餐は明らかに変則的な性格を持っている。しかしこのような共同の主の晩餐はエキュメニカルな展開の発展段階の先取り（Vorgriff）として存在しているのである。それゆえにひとはこの祝いの中に破壊的な性格だけを見るべきではない。

一人の主の信仰にあずかることに基づくキリスト者の一致による聖餐の執行は、今なお例外的な変則的な形態であり、一般的な形態においてはまだ試みられていないものであるが、それはまさに個々の既存の教会の生命線に関わる問題なのである。このような主の晩餐は純粋に教会的な観点を表明している限りにおいて、諸教会によって容認されるべきなのであろう。このような主の晩餐は、主が信じるものをご自身を通して一致させるために、この祝いの度ごとに臨在されているように、そのすべての弟子を一致させようとする一人の主により、すべてのキリスト者を結び付ける将来のしるしとして、諸教会において認識されるべきなのである。

（深井智朗訳）

訳注

［＊1］ この論文は最初 Publik, Nr. 44 vom 30. 10. 1070. S.23f. に掲載され、翌年 Christen wollen das eine Abendmahl. Mit Beitraegen von Heinrich Bacht, Peter Brunner, Walter Kasper Alfons Kichgaessner, Karl Luhmann und Wolfhart Pannenberg, Meinz, 1971, 29-39 に再録され、最終的に本書に収録された。ごく細かい表現の訂正以外に内容の変更はない。

［＊2］ Offene Kommunion を本書の英訳に従って「オープン・コミュニオン」と訳したが、最近日本の教会で用いられているような、未受洗者にも聖餐を授けるということがここで意味されているのでなく、異なった宗派間における相互陪餐のことを意味している。また Abendmahl は「主の晩餐」と訳し、Eucharistiefeier, Eucharistie は「聖餐式」と訳した。

福音主義の視点から見た聖餐論の問題点
――聖餐についてのエキュメニカルな対話への寄与――

神学の他の分野におけると同様に、聖餐論、すなわちユーカリスト論においても、従来の信条主義的な教説の対立は、その鋭さを失ってしまった。そこには、何よりも、歴史的意識の影響が認められるかもしれない。神学は、今日、古典的な教義学的諸定式が、一方では原始キリスト教の理解から、また他方では現代の現実経験から、歴史的に隔たっていることがもたらす諸問題を、もはや避けることはできないのである。そして、これらの問題は、聖餐論においては、特に次のような先鋭化された形で見られるのである。すなわち、聖餐は、教会生活の他のいかなる面においても見られないほどに、その創設において、歴史的イエスに基づいており、それゆえに非常に歴史的批判を受けやすい、ということである。しかし、まさに新約聖書の聖餐に関するテキストにおいて、解釈的研究は、モティーフの不一致を示しており、また根本的な点においても一致した、少なくともまとまった意見形成からは非常に隔たっている。そのため、聖書から聖餐の意味と起源に関する問いの答えを期待する者は、あるいはとにかく信頼できる示唆を期待する者は、うろたえて途方に暮れれば暮れるほど、ますます解釈的議論に習熟することになる。原始キリスト教の聖餐式の原初形態についても、またイエス自身によるその起源についても、研究者の一致した見解のようなものは見られないのである。それゆえに、聖餐についての神学的教説の課題にとって、非常に困難な状況がある。というのも、イエス自身による食事の起源は、単なる表面的な、その内容とその本質にとって無視され得るような事柄ではなく、すべてのキリスト者の理解によれば、聖餐式それ自体の本質を成すものであるからである。

I

聖餐伝承の持つ困難な歴史的問題は、解釈的・歴史的問いからは独立した、聖餐論に体系的に接近する試みを弁護するであろう。そのための出発点は、サクラメントの一般的な概念の中にきわめてたやすく見られる。実際、盛期スコラ学以来、聖餐はサクラメント論の枠内で論じられてきた。プロテスタントの教義も、一般に恩寵の手段の教説を出発点としている。そこでは、宗教改革の諸教会によって堅持されたサクラメント、すなわち洗礼と聖餐が個々に扱われる前に、言葉とサクラメントの関係が全般的に議論された。このやり方は、P・アルトハウス（Althaus）におけるように(1)、今世紀の教義学的研究においても継承されている。現代の福音主義の教義学的文献においても、サクラメントの概念は、やはり圧倒的に、第一に、自ら基礎付けられなければならない洗礼と聖餐の制度の補足的総括として現れる。「アウグスブルク信仰告白」がすでにそうであるように、それはシュバーバッハー条項とは異なり、まず洗礼（九条）および聖餐（一〇条）に関連して、さらに告解と悔い改め（一一、一二条）に関連して、サクラメントの概念を「われわれに対する神的意志」の「しるし」として扱っている。［しかし］ヴェルナー・エーラト（Werner Elert）は、聖餐についての章の最初のところで、サクラメントの概念を扱っているが、まったくこの意味で、一般的なサクラメントの概念を洗礼と聖餐を扱うための出発点とすることに激しく抵抗している。というのも、そうすることによっては、この二つの典礼的行為が持つ「事実の偶然性」は、正当には扱われないからである。[2] 実際、「福音の土壌における洗礼と聖餐という行為が、宗教改革的な理解一般に従って、どのような意味を持ち得るのか[3]」ということは、一般的なサクラメント概念によってあらかじめ決定されるべきではないのである。何よりも、プロテスタントの聖書信仰ではなく、イエス自身による聖餐の制定への確信こそが、その本来の形態と意味の特性についての問いから出発することを求めているのである。この論理は、困難な解釈的・歴史的問題状況に直面しても、回避されてはならないのである。

聖餐の議論において、恩寵の手段について、また言葉とサクラメントとの関係についての一般的考察を先行させるというやり方を放棄することは、聖餐の議論がサクラメント一般の本質と数についての論争から解放されるという益をもたらす。そして、まさに以下のことが明らかにされることは、エキュメニカルな議論にとって重要である。すなわち、教会的行為の一部門を統合的に表示するという技術的意味でのサクラメント概念は、個々の行為に対する後発的省察――それは個々の行為に共通するものに向けられている――に基づいている。それゆえ、サクラメントの概念がより狭く理解されるか、あるいはより広く理解されるか、さらにサクラメントの数がより少なくされるか、あるいはより多くされるかは、もはや決定的なことではないのである。

確かに宗教改革は、サクラメントの概念を非常に狭く理解することが必要であると考えた。このことは、宗教改革者たちが、自らを神の言葉へと方向付け、同時に教会における人間的伝統の個々の教義化に反対したことと関係しているかもしれない。キリスト自身が制定した行為のみが、彼らにとって、われわれに対する神の意志のしるしとして――したがってまたサクラメントとして――妥当し得たのであろう。だが、まさにこのところで、聖餐論を一般的なサクラメント概念から基礎付けることに反対するより広範で究極的な議論が現代の意識に現れてくるのである。また地上のイエスと高挙された方との区別は、その言葉と教示は共同体の伝統の形成からは直ちに分離され得ないのであるが、宗教改革の解釈においてよりも今日の解釈において明らかにより鮮明である。それゆえ、聖餐と洗礼に関して、同じ意味で、イエス自身による制定について語ることは、もはやできないであろう。教会的行為としての洗礼は、キリスト教の伝承のどこにおいても、地上のイエスの指示にまでさかのぼることはできない。原始キリスト教の伝承によれば、何よりも高挙された方の指示が、教会の洗礼行為に権威を与えたのである。たとえ、洗礼の執行が、キリスト教共同体におけるヨハネの洗礼の継承として、疑いもなく、イエス自身がヨハネから洗礼を受けたということの回想において生じたとしてもである。さらに地上のイエスによる聖餐の制定も、とりわけ繰り返しの命令に関しては、異論がある。しかし、聖餐の場合、またここにおいてのみ、地上のイエスによる制定は、後の共同体形成とは異なり、少なくとも議論の余地があるのである。洗礼の場合とは異なり、原始キリスト教の聖餐伝承は、聖餐式を地上のイエス自身に徹頭徹尾さかのぼらせており、そのためこの点で一致している伝承が退けられるのは、ただ歴史的批評の重要な論証がそれに対して説得力を持つときだけなのである。そのため、制定の考えは、宗教改革者たちにおいては、彼らの一般的なサクラメント概念の決定的基準として、また彼らが洗礼と聖餐に限定したときの決定的基準として有効であったのであるが、今日ではむしろ聖餐問題の特殊なものとして現れてきているのである。

II

イエスによる聖餐の「制定」について語ることが歴史的に正しいかどうかという問いが議論される前に、この表現の意味が明らかにされなければならない。エーラトのような何人かの神学者たちは、イエスによる聖餐の制定について語ることができるのは、洗足木曜日のイエスの最後の晩餐が共観福音書によって報告されている形で実際に起こったのみならず、パウロによって伝承された繰り返しの命令がイエスにさかのぼり、またイエスの明確な命令が再現される場合だけであるとしている。[4] それに対し、パウル・アルトハウスにとっては、制定の考えは明確な繰り返しの命令――彼はそれをパウロ的付加と見なしている――には結び付いていない。アルトハウスにとっては、「繰り返しの言葉は、……イエスの最後の晩餐の意味内容に基づいて」おり、また「その限りで、実際にイエスにさかのぼる」[5] ということで十分であった。それどころか、アルトハウスはさらにもう一歩突き進んだのである。彼は、たとえ聖餐の伝承の起源が結局のところ復活祭後の時期に属しているとしても、「確かにイエスによってではないが、しかし生けるキリストによって」制定されたことについて語ることに、同意するのである。[6] しかし、それに対し、疑念が生じるに違いない。復活したキリストによるユーカリストの制定は、マタイにおいて報告されているように、確かに洗礼の制定には対応するであろう。しかし、新約聖書のすべての聖餐についてのテキストが原始キリスト教の聖餐式に対して主張した制定とは一致しないであろう。というのも、そのすべてのテキストは、この制定を復活祭前のイエスに帰しているからである。

この点において、アルノルトスハイン諸命題の第一命題も、それが「われわれが祝う聖餐が、われわれのために死に渡され、そして復活した主イエス・キリストの創設と命令に基づいている」と言うとき、独特の曖昧な定式化をしている。それに対して、H・ゴルヴィツァー（Gollwitzer）は、彼の注解書の中で、この定式化では、イエスの最後の晩餐の歴史性と内容についての問いは排除されるであろう、と明言している。［すなわち］信仰告白の表現がキリストによる制定について語る間に、それはまた、「そのことでもって、歴史的な判断ではなく、――われわれが新約聖書で聞いているすべてのことにおいてそうであるように――われわれが新約聖書のキリスト証言において、共同体の証言を通して、教会の主の指示と約束を、地上の方と高挙された方とのその統一において、聞き取っているという確信」を考えているのである。(7) この解釈も非常にすばらしく、神学的にも十分であるように思われる。しかし、その場合、そのような「確信」はどこに基づいているのか、特にそこで主張されている高挙された方と地上のイエスとの統一は、聖餐の起源に関して、どのような関わりがあるのか、が問われなければならない。この起源が地上のイエスと関係があるということは、もしキリストによる食事の制定が、原始キリスト教の聖餐伝承と一致する意味で語られるべきであるならば、いずれにせよ簡単には放棄され得ないのである。その場合、歴史的問いは、ゴルヴィッァーが考えるように、直ちに除外されることはほとんどないであろう。P・ブルンナー（Brunner）は、アルノルトスハインの第一命題が、この点で、「ある教義的弱さ」を持つことを正しくも証明した。なぜなら、それは背信の夜を聖餐の起源的状況とは呼んでいないからである。(8) 他方、イエスの最後の晩餐の歴史性についての問いが持つ困難さは、教義学的に飛び越えられることはできないのである。教義学はイエスによる聖餐の制定という考えを広く理解することを首尾よく行うであろう。その結果、イエスの最後の晩餐の経過についての未解決な歴史的問いは、そのことによって先決されることなく、開かれたままとなる。しかし、われわれは、原始キリスト教の聖餐式とイエス自身との継続——そこでは、聖餐式は、イエス自身によって始められた中心部分が歴史的に発展したものとして理解されている——をあきらめることは、イエスによる聖餐の制定という主張の放棄に同意しない限り、できないであろう。

III

原始キリスト教の聖餐の伝承およびその実践と、イエスの地上の歩みとの関係は、今や実際に実証され得るが、そしてその関係は、確かにイエスによる聖餐の制定について語ることを可能にするが、その場合、イエスの最後の晩餐における、その歴史性に異論のある出来事に、すべてを基づかせることとはしない。すでにE・ローマイヤー（Lohmeyer）は、聖餐伝承をイエスの日々の食事——イエスはその食事を彼の弟子たちとも「収税人や罪人たち」とも共にした——と結び付け、さらに神の国における来るべき救いの象徴としての終末論的食事の考えと結び付けた。この考えは、E・シュヴァイツァー（Schweizer）やW・マルクセン（Marxsen）のような、イエスの最後の晩餐の伝承に懐疑的な研究者たちによっても継承された。イエスの使信と活動において、すでに今や来るべき神の支配が現実的となったように、イエスと彼の弟子たちとの食事の交わり（Mahlgemeinschaft）においても

――しかしてまた「収税人や罪人たち」との交わりにおいても――神の国における終末論的な歓喜の食事がすでに先取りされているのである。

アルノルトスハイン諸命題の作成者たちも、聖餐および原始キリスト教のユーカリスト的式典とイエスの食事の実践との関係を、視野に入れていた。ゴルヴィッツァーにとっても、聖餐の創設は、「弟子たちや収税人や罪人たちとの食卓の交わりの継続にある、食卓の交わりへの現在的招き（E・ローマイヤー）であるが、しかしそれは、現在の招きとして、その御国を受けとった高挙された主の招きであり、したがってまた神の国の食卓の交わりへの招きでもある。」（［前掲書、注7］二五頁）いずれにしてもゴルヴィッツァーは、この定式において、「継続」としての聖餐の創設を、それに先行するイエスの食卓の交わりから区別しており、その場合、奇妙にも、地上のイエスに聖餐の創設を帰している新約聖書の報告の意向に反して、聖餐の創設はイエスの高挙と結び付けられている。しかしながら、イエスの招きは、「神の食卓の交わりへの招き」という意味を、第一に、「高挙された主の招き」として持つのではなく、それは、すでに疑いもなく、イエスの地上での生涯の食事に当てはまるのである。確かに、イエスの復活と高挙の確実性は、原始キリスト教のユーカリスト的式典の実践と意味に影響を与えることなしにはあり得なかった。それどころか、イエスの食事は、十字架につけられ、復活し、そして再臨する者との交わりとして、今や執行されたのである。しかし、このことは、聖餐の創設が、原始キリスト教のすべての伝承によれば、今や神の右に高挙された主の地上での活動の時期にさかのぼるということにおいて、何らの変更ももたらさないのである。もしこの出発点をイエスの最後の晩餐の報告に限定して一瞥的に理解するのではなく、復活祭前のすべての食事の実践との関連で考察するならば、ゴルヴィツァーとともに、聖餐の創設を第一に高挙された方に帰する代わりに、P・ブルンナーとともに、「最後の晩の前に、主が弟子たちと共にもたれた食事の交わりも、聖餐を創設するものとして見定めることができよう(9)」。アルノルトスハイン諸命題自体が、伝承によって報告されているイエスの最後の晩餐と、復活祭前のイエスの食事の実践との関係を、全体において、聖餐の制定の教義学的概念のために実り豊かにすることは、残念ながらなかった。もしそのことがなされていれば、イエスの逮捕に先立つ最後の晩の出来事についての問いに含まれる歴史的困難さは、その命題を扱っているこの本文におけるように、聖餐の制定についての教義学的考えを空しくすることなく、考慮されたであろう。

伝承に含まれる示唆からわかる限りでは、復活祭前のイエスの食事の交わりの内的意味内容は、イエスの最後の晩餐についての新約聖書の報告がこの食事の外的意味内容として際立たせていることと、広範囲に重なり合う。イエスとその使信への告白が来るべき神の支配への参与を保証し、また今すでにそれを与えているように、神の支配がイエスの出現と活動においてすでに始まっている限り、イエスとの食事の交わりも、来るべき神の支配における歓喜の食事への参与を保証し、またそれを与えたのである。イエスの最後の晩餐の伝承された説明の言葉、特にパンの言葉も、以下のような意味構造を含んでいる。すなわち、イエスの食卓への参与を通して媒介されるイエス自身への参与は、アルノルトスハインの第一の命題が定式化し、またそれでもってプロテスタントの聖餐論の歴史に重要な新しい視点を表示しているように、「今やすでに神の国における来るべき交わりへの関与」を与えるのである[10]。

イエスの最後の晩餐の報告にある説明の言葉は、この基本的考えを超えて、何よりも食事の行為とイエスの死との関係を表現している。また終末論的言葉の形態においても（マルコ一四・二五以下）、ὑπέρ 形の贖罪モティーフにおいても（マルコ一四・二四c以下の節、Iコリント一一・二四b）、さらにパウロ的回想モティーフにおいても（Iコリント一一・二五b）、そして最後にパウロとマルコにおいて異なって強調されている新しい契約とイエスの血とのつながりにおいても、その関係を表現している。これらのすべてのモティーフの始原性には問題がある。終末論的言葉には、ほとんど何の異論も出されていない。［しかし］ὑπέρ 形は疑念を引き起こす。というのも、それは明らかにパンの言葉にも杯の言葉にも結び付いてはおらず、マルコにおいては最後の言葉に、パウロにおいてはパンの言葉に結び付いているからである。また付随的な省略は、もし贖罪モティーフが始原的現状――それがパンの言葉の現状であれ、杯の言葉の現状であれ――に属しているという想定から出発するならば、ありそうにもないからである。しかし、イエスの血による（新しい）契約について語る杯の言葉自体も、付随的なものと判断されている。また制定の報告を過ぎ越しの食事という枠の中に組み込むことは——それは共観福音書においてはそのようになっているが、ヨハネの受難物語とは矛盾している——さまざまな研究によって非常に批判的に判断されている。それにもかかわらず、ただ終末論的な言葉によって、以下のことに気づかされるのである。すなわち、イエス自身が、彼との食事の交わりに、彼の死との関連を与えたのであり、また贖罪モティーフ、契約のいけにえとしての死の解釈、さらに過ぎ越しとの類型論的関係も、イエスの死に固有な解釈が事実に基づいて展開されたものとして評価されており、また食事を通してイエス自身との交わりを持つ者たちに関与している、ということである。その場合、イエス自身が目前に迫った自分の死について、一つの解釈あるいは他の解釈でもって明確に定式化したのかどうかという問いは、従属的な意味しか持たないであろう。決定的なことは、イエスとの食事の交わりへの招きと、それと結び付いている将来の救済への参与は——したがって、ルター派的伝統の意味での promissio［約束］の要素は——イエス自身にまでさかのぼり、またイエスとの食事の交わりはイエスの死の救済的解釈への関与をも媒介するということである。さらに、復活祭後の共同体によって執行されたユーカリストが、おそらくイエス自身によって間接的に制定されたと語ることは、果たして可能かどうかという問いにとって、決定的であるのは、当時の弟子仲間を越える招きの普遍性である。イエスとの食事の交わりへの、このイエスの招きの普遍性は、「収税人や罪人たち」と食事の交わりを持った歴史的イエスの実践に記録されており、また他の仕方で基礎付けられているイエスの死の普遍的な救済の解釈によって裏付けられている。したがって、イエス自身による聖餐の制定について語ることは、正しいと思われる。ただし、その場合、イエスの最後の晩餐の伝承に決して満足するのではなく、そのことが、復活祭前のイエスの活動の全関連から、また特にイエスの日々の食事の実践から評価される限りではあるが。

Ⅳ

解釈的―歴史的な研究結果へと方向付けられている聖餐理解は、今日必然的に、伝統的な教説の表現に対しても、またこれらの教説の表現に先立つ議論の問題設定に対しても、根本的な見通しの変更を迫られている。そのような変更は、信条的な教説類型（Lehrtype）のすべてに当てはまる。したがって、聖餐についての議論は、もはや慣習的な論争神学の線に沿ってはいかんともしがたいのである。むしろ、すべてのキリスト教の信条は、聖餐の主題からユーカリストの本来的意味についての新しい意識へと呼び出されている。そしてそこに、この問題に含まれている非常に困難な解釈的状況の持つエキュメニカルな可能性があるのである。

そこから実体変化説（Transsubstantiationsdogma）が由来し、また後には一方ではルター派の聖餐論と他方では改革派の教説形式が由来したところの諸議論は、今日の視点から見れば、いわゆる諸要素にあまりにも一面的に関心を持ち過ぎていると判断せざるを得ない。アウグスティヌスのサクラメントの定義（accedit verbum ad elementum, et fit sacramentum）は、ラテン語の全教理史にこの狭さを示唆した。しかし、すでに、マルコの杯の言葉の形式の中に、この方向でのイエスとの人格的な交わりから――アンティオキアのイグナティオスが古典的に表現したように（エペソ二〇・二）――不死の薬（φάρμακον ἀθανασίας）としてのイエスのからだと血とにあずかることに向けられたアクセントの変化が認められる。その場合、以下のことが忘れられている。すなわち、パンの言葉は、その推測されるアラム語の原形（guph）において、イエスのからだをその物質的質においてではなく、イエスの自己（das Selbst Jesu）として呼んだということ、また杯の言葉は、そのパウロによって伝承された形式において、イエスの死に基づく新しい契約をめざしているのであって、直接的にイエスの血を飲むこと――ユダヤ人たちにとっては承認することができなかったに違いない表象――をめざしているのではないということである。他方、最近の聖餐論の議論は、カトリックの側で[11]も福音主義の側[12]でも、主の食事を通して与えられるイエスへの参与の持つ人格的性格を、より強力にその中心に据えようとする努力を示している。その場合、もし以下のことが強調されるならば、すなわち聖餐の賜物の内容としてのイエスの人格が、「肉体のない、純粋な精神的私（Ich）」でもなく、また「十字架の木にかけられた肉体からも、またそこで流された血からも分離された人格的自己[13]」でもないということが強調されるならば、そのことは、パンの言葉の持つ、推測され得る根源的なアラム語の言語形態に見られる、自己と肉体の同一視に対してのみ対応するのである。アルノルトスハインの第四の命題は、この意味において、聖餐の賜物の人格的性格、すなわちそれとイエス自身の人格との同一視を強調してきたし、また第五の命題は、自然的な素材、あるいは超自然的な素材という意味で、聖餐の賜物の抽象的な精神的理解に対しても、また抽象的な物質的理解に対しても、それにふさわしい制限を定式化してきた。それに付け加えられなければならないことは、以下のことだけである。すなわち、イエスの人格もまた、聖餐がそこに関与することが許されている救済の賜物から分離されるのではなく、その具体的な現実において、すなわち来るべき神の支配——それにイエスの派遣が関わっていたのであるが——との関係において、見られ、また受け取られなければならないということである。来るべき神の救済への関与は、その使者としてのイエスとの交わりによって保証される。聖餐において問題となっているのは、何よりも救済の賜物の完全な概念である。アルノルトスハイン諸命題は、その第一の命題において、この終末論的な関係を明確に表現した。だがしかし、聖餐の救済の賜物の理解にとって決定的な第四の命題においては、それは言及されていない。強調点は、ここでは完全に、キリストのからだと血とにあずかることとの人格的解釈にある。したがって、キリストへの参与と来るべき神の支配への参与との関係は、これらの命題においては十分には明らかにされていないのである。

聖餐を通して与えられるイエスへの参与の人格的な意味が、聖餐の賜物の理解において「諸要素」に一面的に集中することとの限界を取り除く（Entschränkung）ことを必要とするならば、それに応じて聖餐の賜物を聖餐式の人格的出来事から分離することもまた克服されなければならない。アルノルトスハイン諸命題は、この方向において、イエスの賜物を受け取る人たちの間に、聖餐の教会論的意義を、キリストのからだである交わりを基礎付けるものとして強調してきたのであり、またそれとともにプロテスタントの聖餐論においてしばしば無視されてきたが、しかし原始キリスト教にとっては中心的な、聖餐伝承の意味の契機を取り戻したのである。(14)

V

諸要素の出来事に一面的に向けられている伝統の注意は、ユーカリストの出来事におけるキリストの現在が、早い時期から公現の出来事（Epiphaniegeschehens）という意味で、高挙された主の肉体が祭壇上のパンとぶどう酒に降下したこととして理解されたことと関連しているかもしれない。高挙された方の現在は、必ずしも、聖餐式（Mahlfeier）と十字架につけられた方、すなわち歴史的イエスとの記憶の関係を通して媒介されると理解されたのではない。確かに、聖餐論のどの信条的表現においても、高挙された方が十字架で死なれた方と同一である、ということは忘れられなかった。この意味において、イエスの死の記憶［Anamnese］もまた、その場所を、ユーカリスト的典礼の中だけではなく、神学的省察の中にも持っていたのである。しかし、ユーカリストにおけるイエスの現在についての問いは、まず第一には、歴史的イエスとその十字架の死の出来事への聖餐執行者たち（Feiernden）の参与についての問いとしては、展開されなかった。この問いの持つ救済的関心は、高挙された方の変容した存在様式への参与へと直接的に向かった。したがって、高挙された方の現在は、歴史的イエスとその十字架への参与を通して媒介されると考えられたのではなく、諸要素に天から直接的に現在化することとして考えられたのである。

ユーカリストの犠牲的性格についてのカトリックの教説は、それ自身の仕方で、聖餐式（Abendmahlsfeier）と十字架に架けられた方との関係を、プロテスタントの聖餐理解よりも明確に表現した、といわなければならない。プロテスタントの聖餐理解は、犠牲の考えに対して批判的であったため、聖餐の賜物の中に、ただ十字架の犠牲の実（Frucht）、すなわちそこで得られたものの授与（applicatio）のみを見ようとし、もはや十字架につけられた方自身の現在を見ようとはしなかったのである。他方、十字架の犠牲の典礼的代理（Repräsentation）の考えは、それを代理的繰り返しとして、またイエスの死において一回的に起こった出来事のまったき補充として理解することを、それ自体の中にすでに包含しているのではない。典礼史的に条件付けられている諸モティーフの他に、ユーカリストにおける主の現在を、受肉の出来事との類似において、またそれと平行して、高挙された方の祭壇上の公現として理解することは、まさにそれがユーカリストの執行をイエスの十字架の犠牲の代理として理解することと結び付いているとき、このような解釈を促進させたのである[15]。それに対し、オード・カーゼル（Odo Casel）から始まった代理の考えの新しい理解の功績は、キリスト自身のユーカリスト的現在が、十字架につけられた方の現在として、そしてまた、高挙された方の現在としてのみ、考えられているということであり、したがってまた、今やプロテスタントの嫌疑——ユーカリストの犠牲に関し、いずれにせよゴルゴタにおける一回的なキリストの犠牲の反復と補充が問題であるという嫌疑——に対しても、説得力を持ち得るのである。それにもかかわらず、ユーカリストの理解に見られる犠牲の考えの顕著さは、諸要素への一面的な集中と、高挙された方からキリストのユーカリスト的現在を同じように一面的に理解することと並んで、聖餐の起源に対してユーカリスト論を狭めるという第三の点を示しているのである。ついでに言えば、聖餐の主題をこのように狭めてしまったことの影響は、カトリックの教説の伝統においてのみならずプロテスタントの教説の伝統においても、まったく認められていない。

Ⅵ

周知のように、実体変化説ではなく教会の犠牲の行為（Opferhandlung）としてのユーカリスト理解が、そして確かに感謝の犠牲としてではなく贖罪の犠牲としての理解が、ルター派とカトリックとの間にある聖餐理解の真の対立を示している。ルターは、ローマのミサに対する批判において、何よりも、キリストの犠牲は補充することができたり、またそれを必要とするであろうという考えに対して、背を向けた――彼はそのような考えが、神学の中だけではなく、ミサの典礼の中にも見られると考えた――。この主張のゆえに、ルターにとっては、ミサの犠牲は業の義（Werkgerechtigkeit）へと片寄り、実際その最もぴったりとした表現形式と思われたであろう。

十六世紀に、ミサ典礼自体にではないとしても、少なくともその当時の神学的解釈に、このような批判のきっかけが存在したということは、おそらくほとんど否定され得ないであろう。しかし、そのことは、ここにわれわれを留めおくことはできない。ユーカリストとユーカリスト的犠牲についての今日のカトリックの教説は、いずれにせよ、その全体において、もはやこのような批判や嫌疑にさらされることはない(16)。それは、たとえ度々、いまだにキリストの犠牲の補充という考えを、ミサの犠牲におけるその繰り返しを通して抱かせることがあり得るとする抗議に遭遇するとしてもである(17)。オド・カーゼル以来カトリックの神学者によって展開されている代理の考えは、確かに一回的な和解の出来事の結果の単なる授与（Zueignung）（applicatio）を越えている。それは、むしろ儀式行為において、この出来事それ自体が現実となるということを示している。そこには、必ずしも、繰り返しとか補充という考えはない。そのような理解は、むしろ十字架の犠牲の自己現在（Selbstgegenwart）によって、本来的に排除されている。繰り返す代理は、歴史的に一回的な出来事の水準での繰り返しではない。そこでは、ユーカリスト的犠牲を贖いの犠牲（Sühnopfer）として理解しても、何の変わりもないのである。というのも、もしキリストの十字架が贖いの犠牲という性格を持ち、またもしユーカリストの中に、単なるキリストの高挙された身体性ではなく、歴史的な和解の出来事自体が現存するならば、和解の出来事が贖いの犠牲として正しく記述される限り、ユーカリストの執行はキリストの贖いの犠牲へのサクラメント的な参与となるであろうからである。この点に、直ちに立ち返らなければならないのである。ここで、まず第一に、以下のことが確かめられなければならない。すなわち、聖餐を贖いの犠牲として理解するすべての理解に対するプロテスタントの不信は、もしその場合、キリストの十字架が贖いの犠牲として正しく理解されているという前提の下で、十字架につけられたキリストの自己現在が問題になっているとするならば、根拠のないことである、ということである。とにかく、ここで今や再び、ローマ・カトリックの聖餐論に対する古い非難の中に逆戻りすることも、また授与（Applikation）とか感謝の犠牲という概念に帰ることも、正しくないのである[18]。すなわちこうした制限は、礼拝での聖餐の執行が、それ自身にとって意味を持ち得ることが語られるところでは、意味のあることであるが、しかし、聖餐におけるキリストの自己現在に関しては、そうではないのである。むしろここでは、ミサは「ゴルゴタでの犠牲とのその一致にもかかわらずではなく、その一致ゆえに、贖いの犠牲である[19]」というE・イーザロー（Iserloh）の確認が明らかとなる。そこでは常に、十字架へのイエスの道は実際に贖いの犠牲として理解されるべきであるということが前提とされている。しかし、今や、このキリスト論的前提において、宗教改革者たちはラテン的教会において支配的である理解と、まったく一致したのである。だがしかし、彼らにとって明らかに問題であったのは、まさにキリストの犠牲のまったき十全性であった。この前提の下で、祭壇のサクラメントを贖いの犠牲として理解することを拒否することは、一方ではキリストの犠牲に対して補われるべきサクラメント的犠牲行為に対抗することから理解できることであり、また他方、そのことから、キリストの現在は、歴史的イエスの現在として、あるいは十字架の出来事それ自体の現在としてではなく、何よりも高挙された方の現在として考えられたということが、明らかにされるべきである。もちろん、この最終的状況を、宗教改革の聖餐論の典型的な特徴と見なすことはできず、むしろその限界と見なさなければならない。今日の福音主義の態度においてもしばしば見られるように[20]、もしイエスの十字架の死が何よりも贖いの犠牲として理解され、また制定の言葉がイエスの犠牲の死に関連付けられなければならないのであれば、そこから聖餐におけるキリストの現在という理解に対して——したがってまた贖いの犠牲としてのキリストの死の意義に聖餐の執行が参与するということに対しても——われわれは一貫した神学的異議を申し立てることは、ほとんどできないであろう。

しかし、宗教改革者たちがキリスト論と聖餐論においてラテン的伝統と共有したこの前提は、今日到達し得る解釈学的研究結果の光に照らして見るとき、少なくとも細分化を必要としている。たとえキリストの十字架を犠牲として理解することが、確かに新約聖書にあるキリストの死の解釈と見なされるべきであるとしても、それがこの出来事の唯一の解釈では決してないし、また人間としてのイエスによって捧げられ、神との和解をもたらした犠牲について論じる後の神学の特別な表象方法においては、すでに唯一の解釈ではまったくないのである。また、それ以上に、ユーカリストが媒介するイエスとの交わりは、他と分離してイエスの死に関連させられるべきではない。聖餐のキリスト論的土台とその救済の賜物の基礎付けは、伝統的に、三位一体の神におけるイエスの贖いの犠牲として、極端にキリスト両意論的に理解された十字架の死の中に、一面的に探求されてきたが、その一面性は、聖餐の出来事のキリスト論的背景を成す諸モティーフの多様性に対する真にカトリック的な評価の意味で、制限されることが必要である。

したがって、今日多くの解釈者たちは、贖いの思想は、制定の言葉がそのことを表現しているように、すなわちそれは「わたしたちのために」（あるいは「多くの者のために」）与えられたキリストのからだと、また「わたしたちのために」流された血について語っているのであるが、贖いの犠牲の思想をそのまま含んでいるわけではないことを強調している。[21] Hyper-Formel の贖いの思想とイエスの血によって基礎付けられた新しい契約の思想（パウロ）、すなわち契約の血としてのイエスの血の特徴とは、直ちに同質ではない。しかし、杯の言葉が、われわれに提示されている形態において、イエスの死を契約の犠牲――したがってそれは、そのようなものとして、決して贖いの犠牲ではない――として理解していることを前提しているという理解は、すでに真面目な根拠を持って論じられてきたのである。というのも、流血に関する表現形式は単なる暴力的な死を示しているだけで、それはいかなる犠牲の用語でもないからである。[22]その場合、杯の言葉は、そのパウロ的言い回しの中で、新しい契約はイエスの暴力的な死に基礎付けられているということを、単純に語っているにすぎない。さらに、J・エレミアスによって代表されるイエスの最後の晩餐を過ぎ越しの食事とする解釈と、さらにそれと結び付いている推測すなわちイエスが自分自身を新しい契約のための過ぎ越しの子羊として理解したとする推測は、はなはだ議論の余地がある。特にパウロは、確かに一度はイエスをわれわれの過ぎ越しの子羊と呼んでいるが（Iコリント五・七）、しかしそれは聖餐と関係なしにである。それは、ちょうど反対に、同じ手紙の聖餐に関する章で、そのような関係がないのと同じである。さらに、J・エレミアスにおいて、過ぎ越しの血は贖う力があるという証明は、うまくいっていない。したがってまた、贖いの犠牲という考えも、杯に関する言葉の根源的な意味として、このような仕方で基礎付けられるべきではない。リーツマンやブルトマンのような何人かの研究者たちは、贖いの形式一般を付随的なものとして判断した。なぜなら、それらは明らかに、パンの言葉にも杯の言葉にも固定的に結び付いていたのではなかったからである。すなわち、マルコによればただ杯の言葉のところでのみ（［マルコ］一四・二四）、またパウロによればただパンの言葉のところでのみ（Iコリント一一・二四）現れたにすぎないのである。また形式がはじめからしっかりと結び付いてきたところの伝統の一部から形式を省略することは、ほとんど考えられないことである。この解釈上の実情に照らして見るならば、聖餐の賜物を何よりもイエスの贖いの犠牲の贈与として理解すること、あるいはイエスの現在を何よりも贖いの犠牲として理解される十字架の出来事の現在として考えることは、正当と認められるべきではない。聖餐論は、もしそれが歴史的イエスを――彼への関与を食事が与えるのであるが――第一に来るべき神の支配の土台として理解するならば――その神の支配は、イエスの食事において存続するイエス自身との交わりを通して、神の支配のもたらす救いへの、将来の参与を保証する――非常にしっかりした土台の上にあることになる。その結果、このこと［神の支配］自体が――またそれとともに、さらに罪人の赦しも――聖餐式（Mahlfeier）のしるしを伴う（zeichenhaften）執行において、すでに現存しているのである。この出発点は、いまだに、すべての犠牲の主題のまったくこちら側にある。しかし、今や、イエスとの交わりは、十字架につけられた方との交わりとして、したがってまたその十字架の死の意味への参与として、理解されなければならない。今や、イエスの死の意味が、原始キリスト教において、わたしたちのための死として、また犠牲の姿（Bild）において、適切に解釈されてきた限り、聖餐を通して与えられるイエス自身との交わりも、イエスの死とその意味への参与を含んでいるということについて、議論の余地はまったくないのである。しかし、その場合、イエスの死の意味についての新約聖書の証言の全体が考慮されるべきであろうし、またその際、犠牲の表象（Opfervorstellung）のようなモティーフが、神がイエスを捨てられたという考えと結び付けられるべきである。すなわち、すでにそのことによって、イエスの死を供儀として一面的にキリスト両意論的に理解することは――そこでは神は単なる受け手であるにすぎないであろう――、排除されている。しかし、何よりも、現在の聖餐式がイエスの死の犠牲の意味に参与することは、ユーカリストの理解を他から分離して規定する代わりに、聖餐によって与えられるイエスとの交わりとイエスの歩んだ道全般との関係において、見られなければならない。伝統の中に見られる犠牲の考えは、キリスト教の典礼が、早い時期に、祭司たちよりも古い契約とのあまりに密接な対比の中で理解することを学んだゆえに、結局、非常に一面的な仕方で前面に現れることはできなかったという嫌疑は、強く退けられてしまうであろう。ここで起こった聖餐理解の狭隘化を克服するならば、この主題で長い間激しく咬み合ってきた神学上の論争的対立は、過去のものとなるであろう。

VII

今までの考察において、聖餐は史的イエス自身への参与を媒介するということが前提とされた。——この参与と交わりは、それらにとって、その表示は身体的な表示として弱々しい言葉にすぎないのであるが、ここでは、それらは実際、この食事の仲間を、彼ら自身の死ぬべき体の崩壊を越えてイエスと結び合わせるであろうし、それとともに彼らはイエスにおいてすでに現れた新しい生命への参与をイエスの中に獲得するであろう。しかし、そのようなはるかに過去の時代の歴史的人物との交わりは、どのように現実として理解されるべきなのか。その疑問とともに、聖餐におけるキリストの現在はどのように考えられるべきなのか、という問いが生じる。

現在の福音主義の教義、特にルター派の教義において、聖餐論が議論されるとき、この問いはしばしば見落とされている。人々は、制定の言葉にあるキリストの約束へと好んで立ち返り、そして聖餐においてキリストが「いかに」現在しているかという問いを、多かれ少なかれ不要なものと見なした。[23]しかし、そのようなやり方は、聖書の「言葉」一般に照らして見た場合、特に制定の言葉に照らして見た場合、形式的な権威信仰——その疑わしさが今日至るところで認識されている権威信仰——の前提の下でのみ満足させることができるのである。われわれがこの立脚点を実りあるものと見なさないならば、以下の問いは不可避的なものとなるであろう。すなわち、約束としての制定の言葉が表現していることは、どのようにしてわれわれにとって現実となり得るのか、すなわち、それは、われわれに接近可能な現実一般の理解へと、どのようにして関係を持つことができるのか、という問いである。真の現臨についての古い諸理論は、これらの問いに対する答えを、現実経験の制約の下に、それらの時代にその都度与えようとしてきた。そのことは、盛期スコラ学の実体変化説（Transsubstantiationslehre）と同じように、ルターの共在説（Konsubstantiationslehre）や偏在説（Ubiquitätslehre）にもいえることであった。したがって、そのような理論においては、秘儀を不必要に、また詮索的に害する思弁が問題となっているのではなく、キリストの約束された現臨の現実的意味への必然的省察が問題となっているのである。しかし、そのことは、そのような省察が、制定の言葉において――イエス自身によってであれ、あるいは使徒的教団の解釈によってであれ――明言されている、われわれを招かれる主の約束を多分汲み出すことができる、といっているのではない。イエス・キリスト自身の真の現臨の約束が、それについてのすべての理論に先立っている。しかし、理論的省察は、そのことによって不必要なものになるのではなく、スヒレベーク（Schillebeeckx）が言うように[24]、もし約束されているものが現実として理解されるべきであるならば、不可欠のものと見なされなければならないのである。

今日、真の現臨についての伝統的諸理論のどれについても、それらがユーカリスト的秘儀を満足いく仕方で理論的に定式化してきたとはいえないであろう。したがって、現代思想の持つ可変的な諸限定に対して、単に伝統的な形式を採用することが問題となっているのではない。われわれはむしろ、聖餐におけるキリストの現在についての対立する諸定式化が、すでにこの時代にとって、西欧の信仰告白の分離の時代から一面的で問題のあるものであったし、またまさにそのことによって闘争へのきっかけを与えてきた、ということを認識しなければならない。そのことはまた、確かに実体変化の考えにも妥当する。この考えの持つエキュメニカルな、しかしまた本来的に教義学的な問題は、もしそれがアリストテレス哲学の思惟形式において考えられた過去の時代にとって、聖餐におけるキリストの現在にとっての絶対的に妥当する表現として見られるならば、決して人の目に触れることはない。そのため、何よりも、現代の可変的状況においては、新しい形式化が必要となるのである[25]。実体変化の考えは、まさにアリストテレス的地盤では、哲学的に矛盾したものとして現れるかもしれず、したがってまた実体の変化という矛盾を、偶然の変化ということなしに、奇跡として尊重しようとしなければ、実体変化説の考えは象徴的解釈によって、あるいはルターにおける場合のように、共在説と偏在説によって、取って代わられるかもしれない。カトリックのユーカリスト論のごく最近の展開において、初めて実体変化の考えは、概念上、この矛盾の現れを、すなわちそれが意味変化（Trans-signifikation）の現象と結び付くことによって、失いつつある。改革派の神学者F・リーンハルト（Leenhardt）によって準備され、そして特にカトリックの側で広く展開されたこの考えは、そこにおいて現実が経験されるところの意味の諸連関（Bedeutungsbezüge）への省察から、またそれらの変化から出発している。われわれが関係している自然的諸事実（Gegebenheit）は、それらが関係している人間の態度のその都度の意味連関において、新しい意味を受け取る。手紙は単なる一片の紙切れではなく、それは人々の相互関連の過程における使信を伝えるものである。しかし、事物の存在はそれらの意味連関から分離したあるものではない。そうではなく、事物や出来事にとって真に固有であり、あるいはふさわしい意味、つまり事物や出来事が本来的にあるところのものを述べている。しかし、そのことは、以下の帰結をもたらす。すなわち、実体の概念は意味の概念によって新しく決定されなければならない、というのも、実体は τὸ τί ἦν εἶναι、つまりあるものがこのあるものとして存在するところのもの以外の何ものでもないからである。したがって、本質あるいは実体が意味と相互に関係しているならば、そのとき実体は、もはやアリストテレスにおいてそうであるような、すべての変化にとっての不変の基礎ではなく、それ自体一つの過程の中に引きずり込まれてしまう。なぜなら、出来事や事物が究極の目的を指すということ、そのことは、もはや最終的には確定していないからである。個々の出来事や個々の対象は、それ自体、新しい意味連関に入ることに開かれており、そのことからそれらの独自の意味が新しく決定される。そのため実体変化は、人間の現実経験の変化の過程において、一つの矛盾から正常な構造要素となったのである。そのような意味の変化は、もしイエスによって招待されている食事の料理が、イエスとの交わり、したがってまた神の未来との交わりのしるしと手段となるならば、今でも起こっているのである。しかし、パンとぶどう酒が何よりもイエスご自身、すなわち彼がおられることへの参与の諸要素へと意味がこのように変化することは、このパン単に一時的な性格を持つことではない。このパンとぶどう酒において起こる意味の変化は、このパンとこのぶどう酒の本質を規定することができるかもしれないような他の意味経験によっては、もはや凌駕されることはなく、この意味の変化は、凌駕されることのない終末論的な意味、すなわち究極性を持つのである。そしてそれは、それゆえに、イエスによって招待される食事の交わりにおいて料理として使用されるこのパンとぶどう酒の究極的な本質を表示するのである。[26] 実体変化を意味変化として解釈することは、またその逆の解釈も、[27] 今日到達できる真の現臨についての最高の理論であるかもしれない。それは、ユーカリストにおけるキリストの現在という理解に、実体変化の概念や共在説や聖餐の象徴的解釈が持つ古いアポリアを越える、むしろ決定的な一歩をもたらし、また同時に、このような解釈のすべてにとっての真理契機（Wahrheitsmomente）をそれ自体の中に持っているのである。

聖餐の象徴的解釈は、食事とその諸要素をイエス・キリストとの交わりのしるしとして理解しようとした点で、正しかった。しかし、食事のしるしの性格を、そのしるしの真の本質的な現在と相容れないものと見なした点で、誤っていた。その原因は、当時の神学における対立する立場の不十分な定式化を別にすれば、むしろ象徴（Symbol）としるし（Zeichen）を区別しなかったことにある。しかし、すべてのしるしが、必ずしも象徴ではない。そのことは、ある同じものがしるしでもあり、また他の点では象徴でもあるところでは、特に明らかである。したがって、聖餐の諸要素は、食事の出来事の執行におけるイエス・キリストとの交わりにとってのしるしであるのみならず、確かに付随的なものであるとしても、象徴として、すなわちイエスの強制的な死におけるからだと血との分離の象徴として、解釈されてきたのである。この象徴は、そのようなものとして、それが表しているものから区別されるが、他方、キリストのからだと血としてのパンとぶどう酒という表示（Bezeichnung）は、あるものを表しているのみならず、これらの食物（Speise）に、それらを通してキリストご自身がわれわれとご自身を結び付けているという意味を与える。このパンとぶどう酒のしるしとしての意味は、聖餐の出来事にとって根本的であって、それに付随するかもしれないような象徴的解釈と混同されるべきではない。そのことが注意されるならば、パンとぶどう酒のしるしとしての性格のゆえに、食事の出来事におけるキリストの真の現在を――それはまさにサクラメント的しるしを通して表示されているものである――否定する必要は、もはやないのである。

ルターの共在論は、パンとぶどう酒が、聖餐式によって、それらが以前あったところのものであることを単に止めるのではなく、それらが現在的なキリストの存在への参与において受け入れられている点で、正しかった。この受容は、実体変化の考えにおける、当時の議論の状況下では、それが今日それを意味変化として解釈することによって可能であるようには、表現され得なかった。それにもかかわらず、今日の状況から見れば、ルターは不当にも実体変化の概念を無意味なものとして直ちに否定したと判断しなければならない。彼は、それに代わって、今日の意味変化論（Transsignifikations-theorie）が行っているように、実体の概念それ自体を大いに変えることができたのかもしれない。しかし、そのような要求は、むしろ個々の思惟の時代的限界が持つ時代錯誤的誤解に帰するのである。[28]

アリストテレス的実体概念の必要な変化は、当時、キリストのユーカリスト的現在が実体変化として定式化されたところでも、行われなかった。そのため、当時のこの教義の定式に対する異議は、この定式が、スコラ神学によるその不十分な説明にもかかわらず、今日の理解に照らして適切なものと思われるとはいえ、単に非真理的なものとして扱われてはならない。さらに、実体変化という表現は、聖餐の出来事を、キリスト教的アリストテレス主義の意味で、ただ自然の事象の本性に従って、記述したのである。一方では招きに含まれているイエスの約束のような――それが直接的なものであれ間接的なものであれ――また他方ではその信頼深い受容、すなわち信仰の受容のような、個人的実行の持つ根本的な意味は、食事の出来事にとっては、それが当時考えられたように、実体変化の考えの外に留まっていた。そこでまず、実体変化を意味変化として解釈することは、この約束と信仰の次元を一緒に含めることができる。なぜなら、諸要素の意味変化は、イエスの招きから出ており、またイエスの招きに伴うイエスへの信仰によって、神の代理人への信仰として承認されるからである。それとともに、意味変化の概念によって、初めて、ルター的聖餐理解の決定的基準点が、実体変化の考えの中に場所を見いだすのである。

さらに、このような概念の拡大に、そのような実体変化が意味変化によって実現される仕方についての新しい理解が結び付かなければならない。そのような実現は、典礼執行者の全権の中にあるのか。しかし、実際には、典礼執行者はキリストご自身の招きを伝えるだけにすぎない。このことは、キリストの話として伝承されている制定の言葉が、教会の解釈が初めて明確に定式化した諸要素を実際に含んでいるとしても、まったく明らかに、キリストの言葉としての制定の言葉から出現している。したがって、意味変化は、イエスの言葉から、しかも歴史的イエスの言葉から出ている。イエスから、イエスとの食事の交わりへの招きが出ている。しかし、歴史的イエスは、復活祭後の教団にとって、回想する記憶の対象だけではなく、同時に復活祭の使信によれば、高挙された主である。歴史的イエスの招きは、その現実の重さを、この事実によって得ている。今や招かれる方は高挙された主であるゆえに、われわれは、彼が約束することが実現することを、すなわち彼との交わりが神の国への参与を保証し、したがって今やすでに高挙された方の現実であるその栄光への参与を保証することを、信ずるべきなのである。この意味で、招かれる歴史的イエスと高挙された方との一致は、イエスの招きの永続的働きにとって、また聖餐の現在の執行にとって、根本的なのである。またそれは、食事への招きの状態の中にある諸要素の意味変化が、究極性の意味と明確な意義を持ち、それゆえにそれが食事とその食物の「実体」を名のあるものとするということにおいても、根本的なのである。それにもかかわらず、食事が媒介する交わりは、何よりも歴史的イエスとの交わり、すなわち、彼の派遣とその十字架、つまり回想との交わりであり、それはまた、ただ隠された仕方においてのみ、永遠の生命へと神の右に挙げられた方の栄光への参与でもある。

VIII

聖餐の執行時のキリストの現在に対する意味が変化する言葉の解釈に直面して、聖餐の特性（proprium）についての問いが、言葉の宣教に対して、最終的に起こってくる。［すなわち］キリストの宣教に基づくイエスへの告白とイエスへの信仰もまた、罪と死を越えて神の生命そのものへの参与をもたらす、［聖餐と］同じイエスとの交わりを開かないのか。

十九世紀のルター派の教義は、聖餐のこの「プロプリウム（特性）」の問題に、重大な注意を向けた[29]。もしキリスト者が、聖餐への参与によって、宣教の言葉への信仰によって受け取るもの以外のいかなる賜物も得ないとすれば、聖餐はその価値を引き下げられるように思われた。何よりも、トマジウス（Thomasius）は、聖餐が栄光を与えられたキリストの人性を洗礼によって新しくされた内的人間の食物へと媒介することの中に、聖餐の持つ特異性を探求しようとした。フィルマール（Vilmar）やロッホル（Rocholl）などによっても共有されたこの理解は、現在においては、さらにゾンマラート（Sommerlath）や彼のアルノルトスハイン諸命題の批判においても、影響を与えているのであるが、特にフィリッピ（Philippi）とシュルツ（H. Schultz）によって、非聖書的であるとして論駁された。テオドシウス・ハルナック（Theodosius Harnack）とエッティンゲン（v. Oettingen）によって当時展開された以下の理解は、今日、その地位を確立している。すなわち、それは、すべての恩寵の手段は一つの完全な恩寵を媒介し、したがって救いの賜物の視点から見るならば、そこにはいかなる相違も存在せず、ただ媒介の様態においてのみ相違があるだけである、という理解である。今世紀、特にパウル・アルトハウス（Paul Althaus）によって熱心に主張されたこの解決[30]は、キリストのからだと血との不可分性をその生命的人格の統一から強調する傾向と結び付いている。アルノルトスハイン諸命題においても、すなわちその第二の命題において、この理解の端緒が見られる。しかし、そこでは、恩寵の手段としての聖餐の特異性が、「キリストがわれわれに救済の福音の賜物を与える」ところの、他の「さまざまな仕方」に対して、もともと対立しているということは語られていない。神学的議論において、それが聖餐の特異性を、救いの賜物それ自体においてではなく、その媒介の仕方において探求した限り、特に以下のような恩寵の手段としての聖餐の三つの特性が引き出された。

(a) 公の宣教の普遍性とは異なる救いの賜物の個人的専有(フィリッピ)

(b) 口での受領(manducatio oralis)、すなわちキリストの人格と同一である救いの賜物の独特の感覚的、身体的獲得(エッティンゲン)

(c) 以上の二つに加え、自分の救いの参与に関して不安にさせられている者のための慰め。聖餐は、個人的にまた確実に、キリストへの参与の身体的経験を彼に保証する。(エッティンゲン)

聖餐の固有性の決定に関するこれらの視点は、聖餐の出来事の具体的執行が持つ特定の特色の観察に基づくという長所を持つ。しかし、恩寵の手段としてのその特異性が持つ、いわば現象学的な性格は、拡大と深化を必要としている。それは、個人的な救いの確信という関心事に、あまりにも狭く、また一面的に、集中している。このことは、またそれとともに不安に対する慰めというルター派の動機は、それはルター派の神学者が聖餐の固有性についての問いに向かうところで前面に出てくるのであるが、聖餐の敬虔性の持つ中心的動機である。しかし、主観的な救いの確信は、祝宴の教会的意味に対する不可欠の評価――それは教会の交わりを、それが信仰者とキリストとの交わりによって基礎付けられることの中に出現せしめるのであるが――と結び付いていなければならない。聖餐を共に受けることにおいて、またその創設を共に典礼的に回想することにおいて、教会一般の存在を基礎付けているものが、直接明白になる。さらに個人的な救いの確信に対して持つ、その意味での manducation oralis（口での受領）に教会的関連を持つ。つまり、典礼執行者がキリストの言葉でもって祝福したパンとぶどう酒を口で受けることは、個々人にとって次のことを意味している。すなわち、個々人は、一つの活動を通して――その活動とは、宣教によって誘発される、今まで解決されていない理解の問題を、身体的行為として越えていくのである――救いに関与しているということ、またキリストの現実の持つ秘儀的深さに行為で関係している――彼の理解はその秘儀的深さにまでは至らない――ということである。聖餐において救いを口で受けるという、今までほとんど注目されてこなかった主観的側面は、今やようやく直接的な教会的重要性を持つのである。個々人と同じように、聖餐において敬虔に受領する共同体（Gemeinschaft）もまた、すべての現在的理解を越えて彼らをキリストと結び付け、したがってまた相互に結び付ける救いの現実への参与を持つ。聖餐一般への参与がそのようなものとして経験され得るような、最初の理解が必要であればあるほど、まさにこのところで、信仰の理解が、救いの現実の持つ深遠な意味に対して、暫定的にすぎないことが、ますますはっきりしてくるのである。それにもかかわらず、個々人はその救いの現実に関わり、またその中で他の者たちとの交わりを持っているのであるが。したがって、教会的交わりの現実もまた、常に神学的理解に先立っている。この洞察は、歴史に由来するキリスト教界にとって解放的に働くことができる。――その歴史において、学説的対立は、その教会的意味に関して、あらゆる面でしばしば過大に評価されてきた。なぜなら、それは、神学そのものにおいて、神学的定式の暫定性から精確な意識へと導く内省の明徹性が欠けていたからである――。この洞察は、聖餐の出来事の意味に関する新しい認識にも、解放的に働くことができる。そのあるものは、今日非常に多くのキリスト教共同体で生じている相互陪餐(Interkommunion)への衝動の中に生きているかもしれない。職制論やキリスト教の救いの理解についてのその他の問いにおける対立のように、聖餐論における信条主義的対立が、単なる神学的理解の対立として――さらにそれに関し今後多くの点で理解の方法が問題とされるであろう――感じられるところでは、聖餐はすべての理解の暫定性を越えていく交わりの実現として――その交わりは、イエス・キリストとの交わりとして、同時に教会的交わりを基礎付け、また表現する――まったく新しい行為の教会的現実性、すなわちエキュメニカルな普遍性(Katholizität)という意味での現実性を獲得することができる。歴史的に固められた主要な教会間での信条主義的相違は、キリスト教の信仰が、その言語的、制度的特性において、輪郭のないものとならなければ、確かに簡単には飛び越えられ得ない。したがって、増大する対立的な折衝、承認、錯綜の長引く過程のために、忍耐し根気強くあることが必要である。しかし、もしどこかで、さらに聖餐において、――そこにおいて一つの教会の一人の主が現在的であり、また参加する者たちを彼の共同体に結び付けるのであるが――この過程の目的が、キリスト者たちの集団（Einigung）に、すでに現在的なものとして、また実効的なものとして経験されるならば、そのとき諸教会が共に成長する過程は停滞することはないのである。

注

（1）P. Althaus, Die christliche Wahrheit, 3. Aufl. 1952, 536ff. W. Trillhaas, Dogmatik, 1962, 354ff. これらは、サクラメントの概念を、洗礼と聖餐についての各節の間を移行するものとして扱っている。

（2）W. Elert, Der Christliche Glaube, 3. Aufl. 1956, 355 u. ff. そのため、洗礼と聖餐は、エーラトにおいても、体系的に別個に整理されている。すなわち、聖餐はキリストの和解の業と結び付けられており（一三章）、他方、洗礼は、何よりも教会との関連で扱われている（一五章）。――ついでに言えば、アルトハウス自身は、サクラメントの概念一般を除去したシュライエルマッハーを除いて、A・シュラッターと同じくG・トマージウス（Thomasius）やルートハルト（Luthardt）も、サクラメントの概念を洗礼と聖餐の後で初めて論じたことを指摘している。

（3）P. Althaus, a.a.O. 537.

（4）W. Elert, a.a.O. 362. もしキリストが繰り返しの指示を「まったく与えていなかった」なら、「聖餐はキリストの創設であることを止める」。

（5）P. Althaus, a.a.O. 566. トゥリルハース（Trillhaas）は彼の教義学の三六七頁以下で同様の判断を下している。

（6）P. Althaus, ebd. 568.

（7）H. Gollwitzer in: Gespräch über das Abendmahl, EVA, Berlin 1959, 24.

（8）Ebd. 53.

（9）P. Brunner in: Gespräch über das Abendmahl, a.a.O. 53. しかし、もしブルンナーが、「他方、復活者と、彼の可視的な復活祭の顕現の時代に生きた者たちとの食事の交わりが、創設の瞬間へともたらされなければならない」と語り続けるならば、上述の論述の意味で、一つの相違が必然的となるであろう。すなわち、復活祭の経験は、終末論的な食事の交わりの、すでに生起した創設を新たにし、また強化することができたが、しかしこの経験は、そのために、すでにこの創設を前提としているのである。

（10）P. Brunner, ebd. 54.

（11）それについて、以下のものを見よ。J. Powers, Eucharistie in neuer Sicht, 1968, 75ff. また特に P. Schoonenberg の論文。さらに E. Schillebeeckx, Die eucharistische Gegenwart, 2. Aufl. 1968, 68f., 80ff., 93.

（12）聖餐の賜物の特別のものをキリストのからだと血そのものに探求し、また十九世紀においては何よりもG・トマージウス（Thomasius）によって代表されたもう一方の方向とは異なって、ルター派の神学では、Th・ハルナック（Harnack）とA・v・エッティンゲン（Oettingen）以来、聖餐の賜物の人格的性格がますます強調され、そして最後には特にP・アルトハウス（Althaus）によって強調された。それについて以下のものを見よ。E. M. Skibbe, Das Proprium des Abendmahls, in: KuD 10, 1964, 78-112.

（13）P. Brunner, a.a.O. 63f.

（14）特に命題の六の二以下と七の二を見よ。

（15）この点に関して、以下のものを見よ。H. Ch. Seraphim, Von der Darbringung des Leibes Christi in der Messe. Studien zur Auslegungsgeschichte des römischen Meßkanons und Erwägungen zur Meßopferlehre, Diss. München 1970（masch.）ここでは、司祭によるキリストのサクラメント的奉献という概念が、制定の言葉の朗詠に変化の出来事が集中した結果として表現されている。変化が制定の言葉に集中することによって、初めて、犠牲の言葉の理解は、それに続く祈りの中で、サクラメント的に現在するキリストの奉献という意味で、示唆されている。

（16）このことは、今日、福音主義の側にも認められる。たとえば、以下のもの。A. Buchrucker, Die Repräsentation des Opfers Christi im Abendmahl in der gegenwärtigen katholischen Theologie, in: KuD 13, 1967, 273-296, bes. 278ff.

（17）このことに関して、以下のものを見よ。K. H. Bieritz, Oblatio Ecclesiae, in: Th LZ 94, 1969, 241-251, bes. 249f. 以下のものは特に重要である。H. J. Schulz, Christusverkündigung und kirchlicher Opfervollzug nach den Anamnesetexten der eucharistischen Hochgebete, in: Christuszeugnis der Kirche（Festschrift Bischof Hengsbach), hrsg. von P. W. Scheele und G. Schneider, 1970,

93-128.

（18） R. Prenter, KuD 1, 1955, 53. との関連で、以下を見よ。Buchrucker, a.a.O. 294f.

（19） E. Iserloh, Abendmahl und Opfer, 1960, 103. さらに、M. Thurian, Eucharistie, 1963, 216ff.（zu Pièrre du Moulin), 229f. の詳論も参照せよ。

（20） そのことに関して、ここでは、アルノルトスハインの諸命題の準備時期から、ボンとハイデルベルクの定式における犠牲の概念の役割にのみ、注意が向けられるべきである（P. Brunner, in: Gespräch über das Abendmahl, a.a.O. 59 において引用されている)。W・アヴェルベック（Averbeck)（Der Opfercharakter des Abendmahls in der neueren evangelischen Theologie, 1966, bes. 787）が聖餐の犠牲的性格の問題で、信条主義的対立のキリスト論的背景について語っていることは、犠牲の意味でのミサを拒否することにおいて決定的であるが、十字架の出来事におけるイエスの人間性の意味についての異なった（„latreutische" つまり „soterische"［救世論的］）評価ではなく——それもまた確かに注意されるべきであるが——、プロテスタントが、この点で信仰者の、すなわち教会の、キリストへの参与を妥当とすることを拒否することである限り、修正を必要としている。その場合、宗教改革の立場は、それ自身ここで内的な矛盾に陥る。なぜならば、特にルターは、ともかくも、信仰を通しての信仰者のキリストへの十全な参与を、明確に強調したからである。

（21） E・ローゼ（Lohse）は、殉教者と義人の代理的贖罪死を典礼的意味での犠牲から区別した（Märtyrer und Gottesknecht, 1955, 126)。彼によってヘレニズム的付加として判断された契約思想は（一二四頁)、第一にイエスの死を契約を実施する犠牲として理解させた（一二六頁)。

（22） E. Lohmeyer, Vom urchristlichen Abendmahl, in: Thologische Rundschau 9, 1937, 189. エレミア

スが血を過越祭の血として解釈することに対するローマイヤーの批判との関連において。また以下を参照せよ。H. Patsch, Abendmahl und historischer Jesus, Stuttgart 1972, 86f.

（23）エーラト（W. Elert）は、前掲書三八二頁で、真の現臨それ自体を、単なる「補助的考え」と名付けてさえいる。アルトハウス（P. Althaus）は、前掲書五八一頁で、それを「福音に対する違反（Verletzung）」と名付けている。すなわち、ローマ教会は、「真の現臨の奇跡の形而上学的理論、すなわちアリストテレスの哲学と共に立ちもし倒れもするような理論を、教会の教義と宣言した」のである。しかし、これがその事例であることは、実体変化説についての多くのカトリックの説によって、今日否定されている（以下を参照せよ。E. Schillebeeckx, a.a.O.）。

（24）Die eucharistische Gegenwart, a.a.O. 97f.

（25）この点で、スヒレベークが神学史に与えた解釈は、私にはあまりにも一面的にすぎるように思われる。なぜなら、それはトリエントの定式の相対的な歴史的正しさだけに関心を持ち、宗教改革の反対の立場の持つ相対的な歴史的正しさを考慮に入れていないからである。

（26）伝統的な実体概念が表現する本質の明確な一致は、現実の歴史的パースペクティヴの枠内で、変化の過程において明らかになるものの究極性の視点の下でのみ、論じられ得る。それに対して、意味の変化は——それはこの流れの中でただの消え去って行く瞬間に留まる。なぜなら、それはさらなる意味の変化によって向きを変えられるからである——もはや本質の明瞭性には至らないのである。したがって、意味の変化の過程において明らかとなる事柄の究極的な解釈という考えがなければ、古い二元論がしるしと事柄との間に存続することになる。ただ究極的な終末論的解釈だけが、アリストテレスの実体概念がその方法において見た明確な真理を持つ。聖餐におけるパンとぶどう酒の祝福に結び付いている意味の変化の究極性に対してのみ、意味変化の概念に捧げられた不信は無意味なものとなるのである。

(27) それに対して、スヒレベークの議論は、実体変化と意味変化との二元論に留まる。「ユーカリスト的現在」についての彼の書物の全体的構想が、意味変化の概念によって実体変化の新しい解釈に帰するとしても、また彼の論議が決定的な点を——物事の本質あるいは実体がわれわれの認知に「常に先立って」おり(八六頁)、また経験的意味の変化においてのみ現れる点を——言い当てるとしても、しかし、彼は結局のところ、スホーネンベルク(Schoonenberg)とは異なり、「ユーカリスト的意味変化は、実体変化と同一ではない」——たとえそれが「内的にそれと関わっている」(一〇一頁)としても——と判断している。実体変化の相違と「形而上学的優位」は、——それは意味変化においてすでに前提されているべきである(一〇二頁)——存在と現象との区別に帰せられる。それに対して、存在(あるいは本質)と現象との相違は、人間の意味経験の歴史的過程の中にその場所を持たないのかどうか、またそれはわれわれの経験において認知するものの一時的な意味と究極的な意味との区別に帰するのかどうか、が問われるべきである。そうすれば、本質についての問いは終末論の主題となり、また究極的意味は物事や出来事の本質や存在と一致する。このことに関して、以下の私の論文を参照せよ。Erscheinung als Ankunft des Zukünftigen, in: Studia Philosophica 26, 1966, 192-207, jetzt in: Theologie und Reich Gottes, 1971, 79ff.

(28) むしろ、すでに、純粋にアリストテレス的思想に基づいて、共在は実体変化と同様に無意味であるという洞察が、期待されるべきであったのかもしれない。なぜなら、それは *omne ens est unum*(あるものが、それ自身であると同時に、また他のものであることはできない)という公理をそこなうからである。ヘーゲルにとって、初めてこのことは、「あるもの」それ自体の真理となった。しかし、それは、今や静止した共存の意味においてではなく、反対のものへと移行するものとしてである。——それゆえに、われわれは、事柄に従えば、すでに意味変化として考えられる実体変化の途上にいるのである。

(29) これに関して、以下を見よ。E. M. Skibbe, a.a.O.

(30) P. Althaus, a.a.O. 582ff., bes. 587f.

(菊地　順訳)

教会の一致と人類の一致

I

一九六七年にブリストルで開かれた世界教会協議会〔W・C・C〕の信仰と職制（Faith and Order）委員会では、「神の世界統一の計画に照らして」教会がいかなる任務を担っているか、「教会相互の一致の模索と人類の一致の希望との間にはいかなる関係があるか」が問題となった。その一年後、ウプサラでの世界教会協議会の総会では、このテーマをより詳細に研究することが提起された。一九七〇年にはその最初の成果として、研究記録『教会の一致――人類の一致』(1)が出された。次いで一九七一年には、このテーマはルーヴァン(2)での「信仰と職制」会議の中心課題となった。

この討論では、エキュメニカル運動の自己理解も問題となったが、教会が自己自身の問題に取り組むだけにとどまらずそれを超えて活路を見いだし、キリスト者の一致の問題を人類の一致のためのキリスト者の尽力と結びつけるよう促す方向に進展した。[3] 社会倫理的問題提起と「教会と社会」運動の熱心な試みは教会の神学的自己理解のうちに受け入れられるはずであった。しかし、それに対してすぐに、エキュメニカル運動の自己理解のような世俗人間学的および社会倫理的な方向性は教会本来の本質を逸脱してはいないかどうか、教会の一致を促進するよりはむしろ妨害するのではないか、といった疑念が持ち上がった。[4] 多くのキリスト者たちは「エキュメニカルな社会参加がますます進むことによって教会が信仰の内実を失う……ことを大いに懸念」[5]するようになった。

この種の懸念は非常に真剣に受け止めなければならない。社会倫理的社会参加をぐらついた信仰内実の代用にしてしまうような、神学的に上っつらの社会倫理的熱狂が確かに存在する。このような立場からはしかし不信が生じるであろう。そしてその不信は、キリスト教の統一運動の進展を困難にし、遅滞させるのである。そんな具合では、キリスト教会の統一があらゆる差異や対立のさなかで人間社会のために意味を持ち得るような、アイディアさえも浮かばないであろう。キリスト者が人類の一致のためになし得る最も重要な貢献は、疑いなく、自分たちの一致を再び獲得することであろう。そしてそこに至る道は、信仰における相互承認の上に通じており、それは聖餐共同体の遂行において表現されるに違いないのである。

確かに教会はそれ自身が目的なのではない。教会には、神の国の未来の共同体が、今すでに、はっきりと現れている。そしてその神の国は、全人類、それも神の裁きを経験して新しくされた人類を包含すべきなのである。というのは、人類の共同体は、その中の悪を克服することによって、すなわち、悪に打ち勝つ神の裁きによってのみ実現可能だからである。教会は、ウプサラにおける一九六八年の世界教会協議会の総会でいわれたように、「人類の未来の一致のしるし」になるための使命を、今、もうすでに、授かっているのである。この声明は、重要な点で、五年前の第二ヴァティカン公会議における「教会憲章」の序文の声明と一致する。それによれば、キリストにおける教会は「いわば秘跡、すなわち神との親密な交わりと全人類の一致のしるしであり道具」である。教会が秘跡であり、したがって神の国における人類の共通の未来の有効なしるしであるということは、ウプサラ後の議論に出てきた誤った二者択一、すなわち、人類の未来の一致がただ神の行為として約束され、人間はただそれを受け取るだけのものなのか、あるいは、この一致を導くことも教会に託された課題なのだろうか、といった択一的問いをはるかに凌駕する点を指し示している。この一致は人間の思いのままに導けることではない。だがそれを獲得するための努力は、この人類の未来の使命の有効なしるしとしての教会の聖礼典的性格から帰結されるのである。このしるし的性格には、教会は、自らを自己目的としては理解することはできず、人間のただ中にある神の国の未来へと向けられている、ということが含まれている。[6] しかし神の国の希望が意味するのは、人類の一致、すなわち、平和と正義のうちにある人間の共同体である。それゆえに、この希望の有効なしるしとして、教会は、もし神的起源と本質とに本当に誠実であるならば、人間のただ中の平和と正義に奉仕することになるのである。

教会は、それ自身が一つであるときにのみ、人類の未来の一致の有効なしるしであり得る。教会の分裂という今日の状況にあって、分裂した諸教会のエキュメニカルな接近のプロセスが、世界の期待を大いに裏切って苦難に満ちた遅々とした歩みであるということを鑑みると、教会は、今日の人類においては、このしるしという役割を実現するとはとてもいえず、少なくともいまだ実現しているとはいえず、自らの分裂によって世界の分裂を映し出しているのである。教会の一致は、その場合、ただキリスト教的に望ましい目標であるというだけではない。教会はこの目標を現実化せずには結局のところ成り立ち得ないのである。今までのようなやり方でも教会は大変に居心地が良いように見え、特に一致を急ぐ必要はないように見えるかもしれない。しかしキリスト者の一致なしには、教会は完全な意味での教会ではないのだということが、このような見掛けと対決するに違いない。現存の個々の教会も、今日、キリストの一つの教会とはいえない。東方正教会とローマ・カトリック教会は、プロテスタント諸教会に対して、教会の本質を実現する上で欠陥が多く不完全だと当然のことのように評価してよいものだろうか。そもそも、もし彼らがプロテスタントのキリスト者をキリスト者であると承認し、その教会に、たとえ不完全な形であろうとも、何らかのキリスト教的性格を認めるなら、すべてのキリスト者の一致を目に見える形で実現していない限りは、彼ら自身の教会も、自分たち自身にとっていまだ不完全であるといわざるを得ないのではなかろうか。

もし、教会が、キリスト者の一致なしには完全な意味においてはまったく実現されていないとするなら、それは、エキュメニカルな議論や活動においては、われわれの現代世界での教会自体の完全な形成、つまり、第二ヴァティカン公会議やウプサラの教会会議でも語られた教会の形成が問題である、ということを意味する。形成、すなわち、現代のキリスト教徒の間で信仰されているこの教会が目に見えるようになることは、しかしながら現存する多数のキリスト教共同体においてのみ可能なのであり、しかも、この異なった共同体の相互承認によって可能なのである。そしてそうすれば教会の連帯感の新しい表現形式も育つことであろう。

キリスト教の統一は、今日では、教説や職制を新しく画一化することを目標にして、キリスト教会や神学的伝統の多数性を克服することによっては、可能ではない。この一体化が実現不能であるということは、決してエキュメニカルな状況の欠如にはなっていない。それどころか、まさにそこにキリスト教徒のエキュメニカルな協調の機会があるのである。もし全キリスト者が今日、強力に画一化された教説や、一本化されたヒエラルキー的教会法や典礼を持つ統一的教会を形作ったとしたなら、それらはすべての非キリスト教的諸宗教や世界観のトラウマになるであろう。それは内部で画一化されるのと同じ程度に、外部に対して排他的なことであろう。そのことが意味するのは、このような教会は、中世における教会と同じく、人類の一致のしるしにはなり得ない、ということである。画一化に伴って起こる抑圧的現象は教会像をあらためて歪めてしまうであろう。これに対して、キリスト者の一致は、教説や教会組織の違いを残したまま、自己の信仰認識と教会秩序が暫定的なものであるということの相互認識に立って、信仰と愛を相互に承認することによるものである。――こうしたキリスト教の一致なら、他の諸宗教に対しても自己を閉鎖的に遮断する必要はないことであろう。自己の識見と生活様式が暫定的なものであるということを知るなら、キリスト者は、非キリスト者の生活が、キリスト者の信仰がめざしているのと同じ神的神秘に関わり得るのだ、という意識で、非キリスト教的伝統に生きる人々とも出会うことであろう。そのことは少しも自己の信仰の真理への情熱をそこねることにはならない。もしわれわれキリスト者に、それぞれの人間の神の未来に近いか遠いかという神の最終的「終末論的」基準がイエス・キリストにおいて与えられているならば、それは、キリストがいつかは自分のものであると認知するであろうすべての人間が、キリスト者にならなければならない、ということを意味するものではまったくない。自分がキリストに所属することを公言しない人間のうちにも、キリスト者の信仰と愛は、イエスによって告知された神の未来への所属と、またそれと同時にイエス自身にも所属しているというしるしを見いだすであろう。しかし、これが当てはまらないところでは、新約聖書の福音によれば、キリストによって告知された神の国の規範に誰の生涯と行動が適っていたかを決定するのは、われわれではなくて、再臨するキリスト自身であろうということを、キリスト者は十分に悟るべきである。

多くの「キリスト者」が、彼らの実際の生活がイエスの福音に適わないために、未来の神の国に参与しないことになるであろう一方で、あれこれの理由で自分がキリストに属することを公言しない人が、キリストやキリストによって告知された王国に所属できるという認識、――この認識が、キリスト教の歴史が始まって以来もうすでに、すべてのキリスト教的非寛容を締め出しているべきであった。しかしいずれにせよ、この認識は、今日、他の宗教的伝統に生きる人々との、一層偏見にとらわれることのない関係を可能にする。この認識によって、他の伝統においても人類の未来の一致が問題となっており、そして他宗教もそのための寄与をなし得るのだ、という事実を偏見なしに承認することができる。しかも、一致への人類の使命を平和と正義によって実現することが、人類の神との結合にかかっているのだという見解は、キリスト者にも非キリスト者にも共通である。神理解や神を崇拝する仕方に対立が存在しているにもかかわらず、人類の一致のための宗教的主題の意義を考えるこの根本的な洞察は進展している。この洞察は、神理解そのものについても歩み寄りのプロセスの出発点となり得る。そしてこうした歩み寄りは、キリスト教的な宗教的伝統と非キリスト教の宗教的伝統の間の相互関係から、部分的にはもうすでに生じている。

にもかかわらず、キリスト教徒をエキュメニカルに統一することと、非キリスト教徒とエキュメニカルに協調する努力との間には、見逃すことのできない違いがある。キリスト教内部の対話においては、信仰理解や教会秩序についてのあらゆる違いを越えて、キリスト教信仰の一致を形成することが問題である一方で、他宗教との対話のほうは、少なくとも現代の状況では、共通の信仰という一つの、あるいは同一の基準のもとに、同じ方法で諸宗派の一致を導くわけにはいかない。しかしここにも、しかも異なった宗教について異なった尺度で、共通性が見いだされる。そしてこの共通性の認識はキリスト者と非キリスト者との間の未来の関係を根本から変え得るであろう。キリスト教の独自性を犠牲にすることなく過去の宗教的憎しみを克服するこうした発展の枠組みの中でのみ、再統一されるキリスト教会は、人類の一致のしるしと道具とになることができよう。そこでは、謙遜という古いキリスト教的美徳、すなわち、自分の認識や生活様式が神の未来の神秘の充溢から隔たっているという自覚が、キリスト者のもとでの新しい信仰一致の経験に至るとともに、非キリスト教的伝統からやって来る人々との協調にも至る鍵を握るのである。

II

「エキュメニカルなユートピア」は幻想なのであろうか。教会の一致と人類の一致は、ただ現実から遊離した理想主義だけがそれに酔いしれることができ、そしてまさにそれゆえに、そこからは非常にかけ離れた形の社会的教会的現実をそのまま存続させることに役立っているような、観念論なのだろうか。

人類の現実の状況は、競争や利害による葛藤、征服者や支配者の高慢、不利な立場の人のルサンチマン、力による解放と新しい弾圧とを特徴としている。人類は部族、民族、人種の対立の中へと引き裂かれている。ナショナリズムは今日、世界の一部では、種族の対抗関係やカースト的利害による地方分権制を克服する統一的力としては、どうしても必要なものかもしれない。しかし、国家間の一層深い溝がその結果である、という教訓が、ヨーロッパの苦痛に満ちた経験から引き出されることになろう。ナショナリズムからは、弾圧や植民地主義や戦争によって、その拡大や安全保障を行う帝国権力の形成の道という、古くて、いつも繰り返し断崖に行き着く道以外には、人類の一致に至るいかなるまっすぐな道も通じていないのである。

こうした対立は諸民族を引き裂くだけではなく、民族や国家の内部でも支配者と被支配者を対立させることになる。これは、社会主義諸国でもヨーロッパの伝統的君主制や民主制でも変わらず、民主制においてさえも、権力支配を防止し規則的に権力を交代させることによって和らげられているのである。個人や集団による自己利害の遠心的な傾向に逆らって社会の一致を守るためには、至るところで、権力、情勢や体制順応のプレッシャーという静かな権力が必要である。しかしこれが十分でないところでは、国家権力の野蛮な力が必要とされるのである。

にもかかわらず、今日の世界では一致への希求が強くなっている。現代の経済、交通、情報伝達の発展は、地理的に遠く離れた地域を絶えずますます密接に結び付けた。以前には考えられもしなかったような規模で、人間同士や諸民族間の相互依存を強めた。戦争技術の進歩によって、少なくとも、最大かつ技術的に最も進歩した強国では、平和への希求が切実になった。破壊兵器が全面的に出動したら自己破滅に至るからである。もっとも、この状況は非常に不安定なままで、「制限つき紛争」を排除してはいない。そしてそれは、巻き添えになる諸民族にとっては恐怖が薄れるどころか、多くの場合、以前の大抵の戦争より一層残酷である。

人間同士や諸民族間に相互依存が一層強まることは、まだなお、共同社会や、民族間の友好関係という深い意味での平和や、定評のある共存関係に無理やり引きずられることのない全般的な正義を、より高い程度において意味しているわけではない。人口の密集化が進み技術的組織的な相互依存の網が密になると、攻撃性をより早く高めたり、あるいは、人間を私的な自由な空間へ引き戻し、そのために互いを無関心にさせたりしてしまう。しかし私的領域の過大負担は無意味なことをしているという気分を引き起こし、そしてそのために社会的義務から自由であるような気がすることと、こうした自由を行使することによって他人の自由を実際に侵害すること、この二つの間の矛盾は、社会による自由の制限を強く要求させることになる。相互に認め合い、思いやるような共同体の意味が進展することのみが、こうした行き詰まりを越え得るのである。人間の共同生活において相互依存が進むと、プレッシャーも高まる。そしてそれが堪え難くなればなるほど、起こり来る問題に対して共同体形成という意味での解決を見いだすことが不可欠になる。ただこの意味でのみ、相互依存の強まりは、一致の機会や人類の共同社会を進展させるための機会を提供するのである。

相互依存を強めたいというプレッシャーから、人間の共同体を新しく形成することによってそれを解決するに至るまでの重要な歩みにおいて、人間は宗教から助けを、少なくとも霊的示唆を期待するべきである。多くの宗教的伝統は、人間の連帯の意識を育て、人間の前に社会的徳の規範を打ち立ててきた。しかし同時に宗教は、支配階級と結び付いたり、また現状を公認したりしたために、生活状態を人間的にするという宗教的衝動がもはや表明されなかったり無力になったりしたとき、度々信用を落としてきた。宗教的熱狂は、宗教の分裂や相互弾劾、果ては迫害や宗教戦争という一層悪い結果を生んだ。キリスト教の領域でそれにそのむごたらしい事例を提供しているのがユダヤ人迫害と十字軍である。また大きな宗教共同体の内部では宗派的分裂が起こり、その派閥はますます不寛容な態度で互いに戦ってきた。それは、特に十六世紀の教会の分裂に続いて起こったヨーロッパの宗教戦争が示しているとおりで、その影響が今日までも及んでいることは決して過言ではない。

宗教体系の対立は、それがただ宗教的に同質な諸文化の周辺で起こる場合や、あるいはキリスト教内部やとりわけ十九世紀のプロテスタンティズム内でのように、他の宗教は欄外に置いて、ヨーロッパ列強の植民地支配との結び付きで、世界のキリスト教化が待望されたような場合には、まだ耐えられるように思われる。今日では、宗教的多元性が止揚され得ないということが、キリスト教以外の宗教との関係でも、またキリスト教自身の内部においても認識されている。プロテスタンティズムは、ローマ・カトリック教会や東方教会を、死刑を言い渡された旧い時代の遺物であると判決を下してしまうことはもはやできないし、カトリシズムのほうも、プロテスタント教徒をローマに復帰させることによってキリスト教の一致を期待することはもはやできない。

工業技術と結び付いたヨーロッパの世俗主義の拡大によって、今日、十六世紀や十七世紀に宗派間の争いの結果ヨーロッパに生じたのと同様の状況が世界的な広がりで発生している。当時は、たとえ社会の政治的一致にはひとつの一貫した宗教的基盤が必要である、ということがなお信じられていたにせよ、ただ宗教的違いを排除することによって、国家という形態による社会の政治的一致が守られ得たのである。そのことは、キリスト教の宗派とは異なった一つの市民宗教の育成を導いたが、しかしまた一方では、宗教は、いまだ論争中の宗派的特徴の中で私的事柄とされるようになった。宗教を私的事柄とすることは、少なくともプロテスタンティズムでは、この歩みが宗教的意識それ自体から、すなわち宗教改革の信仰の自由の帰結として正当化され得なかったとしたら、あるいはそう簡単には可能ではなかったであろう。宗教の公的影響力は、それを私事化することによって止むことはなかった。否、市民の宗教的態度が、一部の人たちの利害関係よりも彼らから見た公共の利益のほうを優先させるよう市民を動機付けることができる限りにおいては、それは、個々の市民の主体的態度に至る道程に現れ続けたのである。しかし宗教の私事化は、社会の政治的ならびに経済的な組織の一致とは反対に、宗教的意識の弱体化を導いた。というのは、宗教的確信の私事化は、同時にその確信を拘束力がなく恣意的なものと思わせることになったからである。こうした事態には、宗教的伝統の保守的特徴が最もよく対応するように思われる。宗教的伝統はその真理意識と個人の信仰の社会的制約についての熟慮とを引き離すのである。他方、保守的な信仰形式によって、すなわち互いの信仰形式の対立によって、国家や社会からの宗教の中立の必要性が定着する。それに対して、宗教的伝統が科学の真理理解と積極的に結び付くことができない場合には特に、宗教的伝統を自由にすることは、伝統固有の主観性の意識によってくじかれる。人類の一致のプロセスを押し進め、強まる相互依存の問題を新しい共同体形成によって解決し、宗教的伝統がキリスト教信仰ならびに他の信仰の伝統の最良の刺激にいかに適応するか、諸宗教から本来当然のこととしてどのように期待されるのか、といった課題とは裏腹に、この二つは、今日の宗教的意識が無力であることに一役買っているのである。

III

社会の一致のための宗教の役割についての宗教社会学的問題の解決は、人類の一致への宗教の貢献の可能性の問題にとって基本的である。というのは、人類の一致は、諸国家の互いの関係の変化としてのみ生じ得るからであるが、諸国家は、反対に、その社会体系の内的発展に依存しているのである。もし宗教的確信が、その本性上、単なる私的事柄であるとするなら、このプロセスに何ら影響を及ぼすことはなかったであろう。少なくともこの体系の正しい発展という意味での影響はなかったであろう。しかし宗教はまさにその本質からして、私的事柄ではない。このことはすでに、神についての宗教的言表が間主体的な妥当性を要求しなければならないということに源を発している。というのは、神は、もし彼に告白する者の神であるだけなら、すべてを規定している現実性としての神ではないことになるからである。宗教が間主観的拘束力を要求するということと対照してみると初めて、今日の政治的発展における宗教の私事化現象の特徴とその問題性が視野に入ってくるのである。

現代の宗教社会学は、デュルケーム以来、宗教が、社会生活を全体として基礎付ける価値体系、あるいは、その枠組みの中で社会生活全部が行われる意味連関をテーマにし、同時に社会のサブシステムとして表す、ということのうちに、その社会的機能を認めている。(7) 中世社会、したがって、社会の異なった部分化終了の段階においては、(8) まだ、キリスト教という宗教は、そのすべての部分システムの比較的高度な分化終了の段階においては、まだ、キリスト教という宗教は、そのすべての部分システムに対して社会全体の自己理解を規定していた。社会という単位を信仰という単位の上に基礎付けることは、ビザンティン帝国においてももちろんすでに、キリスト教中世においてもまだ、かの教義上の偏狭さと結び付いていたが、その偏狭さは同時に、中世のシステムの決定的な弱さ、そのシステムを壊してしまうはずの弱さを形成したのである。しかしこの不十分さは、社会という単位と社会の政治的秩序が宗教的基礎付けを必要とするという基本的な想定を否定しはしない。(9) 十六、十七世紀の宗派間の戦争の終結以後は、あくなき破壊欲をもって互いに度を過ごした宗派的抗争の教義的非寛容から自由になるために、社会が宗教的に中立なものとして自己を限定しなければならなかったが、このことは、近代市民社会の成果というよりはむしろ、今日までも未解決の問題である。この歩みは十七世紀には部分的には政治的秩序一般に必要不可欠のものとなったが、もし上で述べた宗教社会学的仮定が当てはまるなら、一つの社会が宗教的に中立であるということはまったくあり得ない、というところに問題性がある。すなわちそれは、全社会やその政治的秩序の宗教的中立という命題には、近代社会のひとつの自己欺瞞が関係している、ということを意味している。これはなるほど、宗教的認識の私事化をどうしても必要とする、その歴史的発生状況からして理解できることではある。しかし社会生活を一致させる実際の諸前提についての欺瞞は危険でなくはない。その欺瞞は、近代資本主義において経済的利害の肥大を可能にしたのと同じように、現代史では、市民宗教、とりわけナショナリズムの流行を可能にしたに違いないが、他方、社会主義国では、社会生活の意味の一致を基礎付けるという宗教社会学的機能をマルクス主義が肩代わりした。

社会生活のために宗教的主題[10]が不可欠であるのは、個人と社会の対立が社会の経済的政治的秩序のレベルでは止揚され得ない、ということに因る。もし対立がこのレベルで止揚可能であったなら、したがって個人と社会の葛藤が政治的経済的変化によって世界から除去され得、マルクスが考えたような人間のヒューマニティーが実現され得たなら、宗教は、彼が予言したとおり、社会にとって本当に不必要であっただろう。しかし個人と社会の対立は政治的経済的にではなしに、まさしく宗教的にのみ克服可能であるように思われる。政治的秩序一般の正当性が、社会全体の利益と個人やグループの特殊利益の間の違い、そして、特殊利益に比べて全体の利益のほうに価値を与えることがぜひとも必要であるということに基礎付けられるなら、全体の利益は、また再び、ただ特定の個人あるいはエリートによって残りの個人やグループに対して代表され押し通されることになろう。それゆえに、全体の利益は必然的にかの支配的な個人やエリートの自己利益に結び付き、国家形態が専制政治であるか貴族政治であるか、またブルジョア的民主主義であるか社会主義的であるかは、どうでもよいことなのである。社会の全体の利益、すなわち公共の福利が、若干の個人によって、残りの社会に対して押し通されなければならない限りは、他のどんな政治システムが打ち立てられようと支配が行われ、支配者と被支配者との対立が存在するのである。しかしこうした支配は、ただ、支配する個人が、社会の他のすべての構成員と同様に彼らに与えられ、恣意に屈服することのない「真理」と結び付いてその支配を営むか、少なくとも、あたかもそうであるかのように信仰を呼び覚まし、維持できるという条件の下でのみ、耐えられるものである。支配者が彼らに与えられた「真理」と結び付く際には、法との結び付きのみが問題であろうはずはない。なぜなら、法は人間の立法に屈服するからである。それゆえ、現行の権力分立の場合でも、法が支配者の恣意から完全に引き離されることはめったになく、とりわけその形式化それ自体のためには、立法化の過程を導く尺度、価値、意味の受容に頼らざるを得ないのである。

支配がその正当性のために拠り所を求めなければならない、かの「真理」に関しては、実証科学という意味での科学的真理は問題になり得ない。なぜなら、実証科学は社会的な現実生活の意味総体を包括しないからである。これはむしろ宗教の機能である。そしてこうした理由から、支配は、己を正当化し被支配者の忠節を確保するために、支配によって自己を正当化するために支配自身が結び付く宗教的信仰の真理を前提としなければならないのである。現代の世俗国家もまた、この必要から逃れられない。キリスト教の宗派的な特徴の私事化は、ただ、今日なお大抵の憲法が示しているように、国家がその宗教的正当性の根拠を「自然宗教」のうちに求めるか、あるいは、国家一般の宗教的中立の原理のためにもはや宗教的であるとか宗教の代償であるとは意識されたことのないような――実際はそうであったのだが――構想のうちに求める、といった結果だけを招いた。それは、さまざまな形の市民宗教、国民主権やナショナリズムの理念、諸々の世界観である。このようなあらゆる代償形成の問題性は、その内実が真の超越者を欠き、それゆえに、乱用によらなくともその本性からしてすでにイデオロギー的である、ということのうちに基礎付けられている。国民には主権はまったくない。なぜなら、支配は実際にはエリートの少数派の手のうちにあるからである。国家はただ、支配的なエリートによって一致するように初めて一つにまとめられた個人の総体のうちにのみ存在する。世界観は、それが本当に「科学的」性格を持ち、反対に、それが主張する科学性が、支配者が口実にする真理と結び付くという意味では彼らの自己演出に一役買わないという場合にのみ、支配者の意志にまさっているといえよう。それどころか支配の担い手自身が、国民の意志、国家、その時々の世界観が、彼らに、普遍的広がりをもって定められ基準となる機関を表しているのだと、度々実際に信じることによって、事実上宗教的機能と宗教的声望がかの重要人物たちに与えられることになる。現代において宗教信条を私事化することは、したがって、国家の宗教的中立にはつながらず、ただ、こういう口実の下に、他の実情が、社会生活の意味を一致させるための宗教の根本的な機能の肩代わりをしたということになるのであるが、そこでは、今は宗派的になり同時に私的なものになった従来の宗教的伝統の諸形式との関係は非常に異なった仕方で規則化され得ることであろう。国民主権が自然宗教の諸原則と結び付いたり、また同時に対立を超えてキリスト教諸宗派に共通なある種の要素と結び付いたりすることは、当然のことながら、ナショナリズムやあるいはファシズムやマルクス主義の世界観よりはずっとキリスト教信仰に近い。とはいうものの、国民主権の理念は、一つの社会の意味了解を具体的に基準化し得るためには、初歩の段階でのように神権政治のカルヴァニズムによってであれ、ナショナリズムやリベラリズム、あるいはその他の世界観によってであれ、補足される必要がある、ということが明らかになった。

支配秩序自体の事実が社会批判の中心的対象になってきていることは、近代政治史の特徴である。この事実は、一方では、支配の宗教的正当性が、宗教の私事化の結果より上位の真理と結び付いたことによって、力を失ってしまったこと、また他方では、宗教の代用品の政治的なさまざまな形態が、超越者や支配者の意志の独立性を欠いたために、結局は、支配とその担い手や社会のすべての他の部分に与えられた基準とのこうした結び付きを、信じるに足るものとはなし得なかった、ということと、深く関わっているのかもしれない。そのために、支配は、偶然や有利な境遇や陰謀によってまったく不当にもそれを手に入れた一握りの人々によって、非常に多数の個人をただ弾圧することのように見える。しかしこのような支配は持続しない。それゆえこうした状況の下では、社会全体の課題を代表するという意味では一握りの個人による支配が不可避である、という事実は、イデオロギーによって覆われなければならなくなる。そのイデオロギーは支配関係を存在しないものとして主張し、まさにそれゆえに、暴露的な批判を挑発するのである。イデオロギーの中のこのような欺瞞の要素を暴くことによって、批判は、現状の転覆を押し進める道徳的憤慨を活気づける。なぜなら、それは、同様に、人間による人間支配が原理的に克服可能であるという幻想に忠実だからである。しかし支配がその上位の規準と結び付くことはおそらく実現可能である。まさにこれが社会システムにおける宗教の機能である。現代の支配問題のアポリアは、一方ではイデオロギー的な幻惑と自己幻惑との粗末な二者択一であり、他方ではこうした幻惑の中でなおこだわり続ける暴露者の憤慨であるが、これを克服するためには、その克服から現代の政治世界が生じてきた、互いが血をもって戦う諸宗派の教義主義や非寛容に逆戻りすることなしに、宗教の基本的機能を顧慮する社会において宗教の役割を新しく規定し更新することが必要であろう。

Ⅳ

今世紀のエキュメニカル運動は、キリスト教内部で初めて、宗派的に画一化することなしに教会の一致を可能にする自己理解の道を拓いた。信仰の一致は伝統的な意味での教義の合意なしにも可能なように思われる。もちろん、信仰の一致と信仰理解における対立とが、互いに他を排除する必要はないはずだ、という主張も、それ自体一つの教理的言表ではある。しかしこの言表も何か他の教理的言表も、信仰の真理の最終的な形態とは見なされ得ない。すべての神学的定式化が暫定的なものであるという決定的認識が、それに立ちふさがっているのである。この認識は、神学的にはキリスト教的伝統の終末論的意識から、そして、途上にある人間（homo viator）たる今日のキリスト者が最終的完成から隔たっているという自覚から動機付けられているが、これは、自己の信仰形式が目標とする同一の信仰の真理を求める骨折りの表現として、信仰理解の他の形態をも是認する可能性を打ち立てるのである。こうした認識は、信仰される共通のものの共通の公式に向かう、両側からの努力なしにはもちろん不可能である。だがこの認識は、われわれの時間と歴史が終わりを迎える前には、それを求める闘いが決定的に終わることはなく、それぞれの統一はただ一つの中間結果であろう、という意識において、このような共通の公式に先行している。

信仰理解や教会生活の形式の展望はさまざまに異なっていてその都度制限されるが、その多様性が持続する真っただ中にあって信仰の一致を相互に承認しながら分裂した教会を統一することは、今日ではさほど不可能なこととは思われない。この意味で自分たちの伝統を本来の主題に不真実にならずに解決するなら、キリスト教のいかなる宗派にとっても克服できない困難はないことであろう。自己の信仰の公式の狭さから視野を広げることによって、普遍的な完全な広さが、まさに自己の信仰の伝統にとって新しい方法で拓かれるのである。信仰を相互に承認すること、すなわち完全な教会共同体を受け入れることは、伝統や特殊共同体が存続しているこの多様性の中で、キリスト者の新しい組織的一致をも可能にすることであろう。

宗教の私事化は、近代の政治的発達の出発点を形成してきたとともに、未来の人類の一致の上に突破し難い障壁となっているように見えるが、キリスト者のエキュメニカルな歩み寄りのプロセスは、十六世紀の西洋の教会分裂以来初めて、宗教に私事化の再確認の前提を作り出そうとしている。伝統内での多様性を相互に承認することによってキリスト者をエキュメニカルに統一することが、教義の強制や宗教的非寛容を意味しないのと同じように、こうした前提は、社会が宗派的結び付きに逆戻りすることを意味し得るものではない。キリスト教の現況で多様性を受け入れる強い要求は個々の宗派の教会自身でも高まっているが、それは、信教の自由の原則が、考えられ得るすべてのキリスト教の統一や全キリスト者の将来のすべての形態の自己理解の基礎になるであろう、ということを保証するものである。またそれに伴って、キリスト教以外の宗教的伝統に対するキリスト教の関係も異なってくる。こうした側面に従ってエキュメニカルなプロセスがたとえ他の形で行われなければならないにせよ、宗教がもはや互いに排他的関係にあることはなく、濃密化にさまざまの中心があるにせよ、その分裂を克服することによって、人類の確信として今日よりも一層明らかに自己を表現することができるという、一つの状態が予測され得る。

教会のエキュメニカル運動の第一の関心事は、依然としてキリスト者の一致である。なぜなら、教会は、ローカル、および地方的な教会の中に現れている、ただ一つの普遍的なものとして存在しなければ、どこにも完全には実現しないからである。そしてそれは局部的地方的な教会の中に現れている。しかしキリスト教のエキュメニカル運動は、それと同時に、他宗教や政治世界の領域との関わりでも、一致と多様性が両立するための一つのモデルを作り出さないことには、その固有の課題を解決することはできない。世俗社会でその都度当面する問題に対するキリスト教的態度決定によってばかりではなく、それ以上に決定的に、教会の統一のまさに自己自身の問題の克服によって、エキュメニカル運動は人類の一致のための一つの要素であり得るのである。

注

（1） Ökumenische Rundschau 19, 1970, 82ff.

（2） K. Raiser (ed.) Löwen 1971, Studienberichte und Dokumente der Kommission für Glauben und Kirchenverfassung, Beih. z. Ökumenischen Rundschau 18/19, 1971.

（3） ランゲによる詳述を見よ。E. Lange: Die ökumenische Utopie または、Was bewegt die ökumenische Bewegung? Am Beispiel Löwen 1971: Menscheneinheit – Kircheneinheit, 1972, 106ff., 126ff., 140f.

（4） Löwen のマイエンドルフの叙述を見よ。一九六三年以来東方正教会からの反響の力点が神学から世俗の人間学へ移る兆しが見られることを詳述。（Einheit der Kirche – Einheit der Menschheit, Ökumenischen Rundschau 21, 1972, 160ff 特に一六二頁）

（5） シュリンクも同様のことを言っている。E. Schlink: Die Bedeutung von „Faith and Order" für die ökumenische Bewegung in Deutschland und die Evangelische Kirche in Deutschland, in: Ökumenische Rundschau 21, 1972, 145ff. 特に一四八頁。

（6） Lumen Gentium I章五参照。［南山大学監修『第2バチカン公会議　公文書全集』中央出版社、一九八六年七月］

（7） ルーマンは、宗教を社会自体と同じものとするマリノフスキーやデュルケームの見解に反対して（二五頁参照）、社会のサブシステムとしての宗教の形成を強調している（Religiöse Dogmatik und gesellschaftliche Evolution, in: Dahm/Luhmann/Stoods: Religion – System und Sozialisation, 1972, 20ff.）。しかし、これらの著者やたとえばルックマン（Th. Luckmann, Das Problem der Religion in der modernen Gesellschaft, 1963, 34ff.）に代表されるような、宗教は〝人間的—社会的現実存在の普遍的意味性〟を主題にしている（ルックマン　三六頁）、という主張は支持している（ルー

マン　二二頁参照)。

(8) こうした分化の過程は、ルーマンの前掲書二一頁、二八頁以下によれば、〃宗教の歴史的運動〃(二一頁)、すなわち宗教の全社会的機能の変化を説明している。ただし、宗教改革やその政治的帰結のような偶然的な歴史的出来事の意味は、この構成では現代社会の発展に比べて過少評価されているかもしれない。

(9) E. Voegelin, Die neue Wissenschaft des Politischen 1959, 81ff. も参照。

(10) 心理学的な同一性の問題と結び付いた個人的生に対して、それが不可欠であることについては、ここではこれ以上立ち入ることができない。

(原　一子訳)

訳者あとがき

本書は、Wolfhart Pannenberg, Ethik und Ekklesiologie. Gesammelte Aufsätze, Göttingen 1977 の後半 II. Beiträge zur Ekklesiologie（教会論のための寄与）の訳である。前半、つまり「倫理学のための寄与」の部分の翻訳は、W・パネンベルク『キリスト教社会倫理』（大木英夫・近藤勝彦監訳、聖学院大学出版会、一九九二年）としてすでに出版されているから、今回の後半部分の出版によって、パネンベルクの上記論文集は完訳されたことになる。

パネンベルクは一九二八年生まれ、一九六〇年代以降の代表的なドイツのプロテスタント神学者である。ながくミュンヘン大学のプロテスタント神学部で組織神学教授をされていたが、十年ほど前に引退している。「歴史としての啓示」の主張を基本にして、それ以前のカール・バルトによる「神の言葉の神学」とも、ブルトマンやその学派の「実存論的神学」とも異なる新しい神学の潮流を切り開いた。彼の主著 Systematische Theologie（『組織神学』）は、三巻本（一九八八年―一九九三年の出版）として大成している。パネンベルク神学が世に出てからすでに半世紀、彼の主著の完成からも十数年を経た。その後のドイツ語圏や英語圏を見回して、彼の神学を凌駕するような根本的思惟と大きなスケールをもった新しい神学主張はまだ見られないように思われる。パネンベルクは依然としてバルト以後の代表的な神学者であり続けている。

本書『現代に生きる教会の使命』に含まれた諸論文の背景については、著者自身の序文によっておおよそうかがうことができる。パネンベルクには本書以前に、「神の国と教会」（一九六七年）という教会論の論文があり、神の国に方向付けられたパネンベルク神学において、教会がどのように理解されるかが描かれていた。これは、論文集『神学と神の国』（英語版一九六九年、ドイツ語版一九七一年）の中に収録されている。さらに、本書の序文にも言及されている小冊子 Thesen zur Theologie der Kirche（『教会の神学に関する諸テーゼ』）（一九七〇年）も出版されている。こうした初期の論稿や小冊子によって、パネンベルクははやくから「教会の神学者」という面を持っていた。本書はこの面のパネンベルク神学をさらによく知る手掛かりを与えてくれるであろう。

本書はまた、パネンベルク神学の観点から「教会の意味」について、その「使徒性や普公性」、また今日緊急な問題になっている「聖餐の理解」について、教えるところが多い。彼とほぼ同年のモルトマンはあるとき、洗礼を受けていない人にも聖餐を与える可能性を仄めかして、パネンベルクの上記小冊子の参照を求めたことがある。しかしパネンベルクはその可能性をはっきり否定した。聖餐の普遍性は、伝道と洗礼を通して示されるというのである。

本書はまたパネンベルクの「エキュメニズム」論を提示している点でも重大である。本書の諸論文の背景には、「エキュメニカル神学のためのカトリックならびにプロテスタント共同研究所」というミュンヘン大学の研究所を場とした共同研究があって、その成果を踏まえているといわれる。本書出版の後、一九八三年以降、パネンベルクはローマ・カトリック教会とドイツ福音主義教会の「エキュメニカル共同研究」のプロテスタント側の代表を務めた。その成果によって、彼は一九九九年の「ローマ・カトリック教会とルター派世界連盟による義認の教理のための共同宣言」に向かう指導的な役割を果たした。この動きはさらに聖餐論やその他の問題をめぐっても進んでいくであろう。そうしたその後のパネンベルクの役割を暗示する「エキュメニカル神学」の方向性は、本書の中にすでに現れている。

パネンベルクの「教会論」をさらに詳細に展開した文献としては、本書の出版後のものを挙げると、主著『組織神学』の第三巻一二章「霊の注ぎ、神の国と教会」、ならびに一三章「メシアの共同体とキリスト者個人」といった箇所がある。また彼はさらに Beiträge zur Systematischen Theologie（『組織神学のための寄与』）という論文集をその後三冊出版しているが、その第三巻「教会とエキュメニカル運動」（二〇〇〇年）がある。そうした後年の展開に向けても、本書によって基本線を理解することができるであろう。

パネンベルクの教会論の場は言うまでもなく、ヨーロッパにおけるドイツであり、ルター派教会を主とするドイツ福音主義教会である。したがって「教会と国家の分離」の中で異教的、また世俗的社会の中にある日本の教会、主として英米のプロテスタント自由教会の系譜に立っている日本の教会とはかなり異なるものがある。たとえば、パネンベルクの「国家と宗教」の考え方は、ドイツ的、ヨーロッパ的環境の中のもので、プロテスタント自由教会の意味を適切に把握しているとはいえない。そのエキュメニズムの思想やカトリックとの関係の理解も、ドイツにおけるプロテスタント教会であればこそのものであって、英米の自由教会を主とした十九世紀プロテスタント世界伝道から発したアジアのプロテスタント教会の視点とは異ならざるを得ない。われわれは、われわれ自身の神学的課題を持って、教会論、ならびに教会史論を探求しなければならないであろう。われわれ自身の神学的主体性の確立が求められているわけである。それにしても本書は、われわれの教会論の神学的思索を鍛え、たとえば聖餐の理解についてそれを深め、さらにわれわれにとってのエキュメニカルなあるべき進行を考える上でも、よい刺激や手掛かりを与えてくれるであろう。

翻訳には先の『キリスト教社会倫理』のときと同様の方々に御協力いただいた。それぞれの箇所の最後に翻訳担当者の名を記載した。最初の原稿が完成して以来、相当の時間を経過してしまったことをお詫びしなければならない。それにしてもこのように出版に漕ぎ着くことができたのは、山本俊明氏をはじめ聖学院大学出版会の方々の働きがあってのことである。感謝を申し上げたい。本書が日本の教会や牧師たちをはじめとして、キリスト教学校、またそこに仕える伝道者、神学の学徒に役立つことを期待している。

二〇〇九年二月一日

近藤勝彦

• 宗教改革と教会の一致
Reformation und Einheit der Kirche
Evangelische Kommentare 1975, 587-593

• エキュメニカルな職務理解
Ökumenisches Amtsverständnis
Catholica 28, 1974, 140-156

• 主の晩餐——一致のサクラメント
Das Abendmahl – Sakrament der Einheit
Christen wollen das eine Abendmahl, Mainz 1971, 29-39

• 福音主義の視点から見た聖餐論の問題点
Die Problematik der Abendmahlslehre aus evangelischer Sicht
Evangelisch-katholische Abendmahlsgemeinschaft?, 1971, 9-45

• 教会の一致と人類の一致
Einheit der Kirche und Einheit der Menschheit
Um Einheit und Heil der Menschheit, hrg. J. R. Nelson und W. Pannenberg, 1973, 7-21

初出一覧

・教会なしのキリスト教

Christentum ohne Kirche?

初出

・信仰の現実およびエキュメニカルな目標としての教会の一致

Einheit der Kirche als Glaubenswirklichkeit und als ökumenisches Ziel

Una Sancta 30, 1975, 216-222

・分裂した教会と共通の過去

Was bedeutet es für die getrennten Kirchen, sich auf eine gemeinsame Vergangenheit zu beziehen?

初出

・教会の使徒性と普公性の理解にとっての終末論の意義

Die Bedeutung der Eschatologie für das Verständnis der Apostolizität und Katholizität der Kirche

„Katholizität und Apostolizität", Beiheft 2 zu Kerygma und Dogma, 1971, 92-109

・諸信仰告白とキリスト者の一致

Konfessionen und Einheit der Christen

Ökumenische Rundschau 22, 1973, 297-308

【訳者紹介】（掲載順）

大木英夫（聖学院大学大学院教授）
近藤勝彦（東京神学大学学長）
荒木忠義（故人・元聖学院大学総合研究所講師）
清水　正（青山学院高等部）
西谷幸介（青山学院大学大学院教授）
髙橋義文（聖学院大学大学院・総合研究所教授）
安酸敏眞（北海学園大学教授）
深井智朗（聖学院大学・総合研究所教授）
菊地　順（聖学院大学教授）
原　一子（聖学院大学教授）

W・パネンベルク　現代《げんだい》に生《い》きる教会《きょうかい》の使命《しめい》

2009年4月25日　初版第1刷発行

監訳者　大　木　英　夫
　　　　近　藤　勝　彦
発行者　大　木　英　夫
発行所　聖学院大学出版会
〒362-8585　埼玉県上尾市戸崎1-1
電話 048-725-9801
Fax. 048-725-0324
E-mail: press@seigakuin-univ.ac.jp

ISBN978-4-915832-86-4　C3016

キリスト教社会倫理

W・パネンベルク著
大木英夫・近藤勝彦監訳

ドイツの神学者、W・パネンベルクが論ずるキリスト教社会倫理学。倫理的規範がゆらぐ現代の倫理的危機状況を認識しながら、法、倫理の基礎づけの基本的問題から、政治権力、平和、人類統一など、現実的諸問題までを、神学を基盤に論じている。この試みは、この世界的課題に対する神学からの一つの強力な寄与を提示してくれるといってよいであろう。

四六判　二六五〇円
978-4-915832-00-0（1992）（4-915832-00-7）

歴史としての啓示

W・パネンベルク編著
大木英夫・近藤勝彦
朴　憲　郁・西谷幸介
大住雄一・荒木忠義　訳
深井智朗

神の啓示を客観的な歴史的事実の中に見ようとする「歴史の神学」の立場を明確にした論争の書。啓示を超歴史的なものと理解する立場（バルトを含む）と実存論的にとらえる立場（ブルトマン）に対して、創造から終末にいたるまでの普遍的な歴史過程全体が啓示の場所であるとし、啓示は神が「直接的に自己を顕示する」ものではなく、歴史過程において「間接的に自己を啓示する」と主張する。

四六判　三二六二円
978-4-915832-02-4（1994）（4-915832-02-3）

近代世界とキリスト教

W・パネンベルク著
深　井　智　朗訳

近代世界の成立にキリスト教はどのような役割を果たしたのか。この問いに対して、ヴェーバーやトレルチなどの見解が提示されてきた。ポスト・モダンや近代の終焉が語られる現代において、プロテスタント・キリスト教が果たした役割について、時代遅れのものと見なされる傾向がある。現代ドイツ神学者のパネンベルクは、近代世界の成立とキリスト教の関係を積極的に評価し、さらに現代のキリスト教の諸問題を明らかにしている。

四六判　二一〇〇円
978-4-915832-26-0（1999）

ピューリタン
近代化の精神構造

大木英夫著

著者は、近代の成立をルネッサンスと宗教改革に求め、非宗教化と捉える俗説を排し、近代の起源を、「教会と国家の分離」「人間の個人化」「契約社会への移行」という構造変化に見出す。その構造変化の担い手としてのピューリタンたちの運動の思想史を描く。名著『ピューリタン』の改訂新著。

四六判　二一〇〇円

978-4-915832-66-6 (2006) (4-915832-66-X)

歴史と神学 上巻
大木英夫教授喜寿記念献呈論文集

古屋安雄
倉松功
近藤勝彦
阿久戸光晴
編

日本にとどまらず世界の神学、また社会倫理、教育の分野で大きな影響を与えてきている大木英夫教授の喜寿を祝う献呈論文集。大木教授の神学、思想は「正典としての聖書に基づきつつ社会変動の歴史的動向を洞察し、その上で人間と世界、また日本の現実の深層次元に肉薄する衝撃力に富んだ思想である。その内容はエネルギッシュな『政策力』となって展開されるところにその真骨頂がある」(献呈の辞)。その影響を直接的に間接的に受けた内外の四四名による論文集である。

A5判　八四〇〇円

978-4-915832-63-5 (2005) (4-915832-63-5)

歴史と神学 下巻
大木英夫教授喜寿記念献呈論文集

古屋安雄
倉松功
近藤勝彦
阿久戸光晴
編

本書は、大木教授の影響の広がりとその影響の強さが物語られているだけでなく、ここには領域を越えた対話を生み出すひとつの思想空間が形成されていることが提示されている。内容は、第I部　組織神学とその周辺、第II部　聖書神学、第III部　歴史と神学、第IV部　社会と思想、第V部　文学と神学、の五部構成。執筆陣の専門分野は、神学にとどまらず、文学、政治学、法学、経済史、など多彩である。

A5判　八四〇〇円

978-4-915832-67-3 (2006) (4-915832-67-8)

パウル・ティリッヒ研究

組織神学研究所編

ティリッヒは、バルトと並ぶ二〇世紀の弁証法神学の巨匠であるが、本書は、存在論に基づく体系的な大著『組織神学』を中心に、一年間の共同研究をまとめたものである。主な目次／ティリッヒの世界へ入って行く。ティリッヒの牧会心理学への貢献。ティリッヒの組織神学における生と霊の働きとの関係。ティリッヒとハイデガーの構造論的相同性。ティリッヒの歴史神学の一局面。ティリッヒのキリスト論における新存在の概念とその問題点。

978-4-915832-27-7（1999）（4-915832-27-9）

A５判　三九九〇円

パウル・ティリッヒ研究　2

組織神学研究所編

ティリッヒの大著『組織神学』の一年間にわたる共同研究の総まとめとして八名の研究者が書き下ろした論文をまとめたもので、Ⅰ神学史におけるティリッヒ、Ⅱ新しい存在、Ⅲティリッヒ神学の根本問題、の三部からなる。またティリッヒの高弟、L・ギルキー博士の論文をも収録。

978-4-915832-33-8（2000）（4-915832-33-3）

A５判　三九九〇円

ユルゲン・モルトマン研究

組織神学研究　第1号

組織神学研究会編

モルトマンは、終末論に基づいた『希望の神学』等で知られる、チュービンゲン大学教授。本書は、組織神学研究会での過去一年間の研究発表をまとめた論文集である。目次／バルトとモルトマン　三位一体論、とくに聖霊論の対比／死者の居場所をめぐって　バルトとモルトマン／「神の像」としての人間理解に基づく教育的展開／モルトマンの包括的終末論とアメリカのメシアニズム／Antizipation　ユルゲン・モルトマンの神学における根本概念としての「先取り」。

978-4-915832-21-5（1998）（4-915832-21-X）

A５判　二一〇〇円

ラインホールド・ニーバーの歴史神学
ニーバー神学の形成背景・諸相・特質の研究

高橋義文 著

神学者、社会活動家、政治哲学者、倫理学者、歴史哲学者、文明批評家等々幅広い活動を展開したR・ニーバーの神学思想を解明する気鋭の書き下し。ニーバー神学形成の背景（青年期のニーバーを育んだ教会とその神学的土壌、デトロイトでの牧会、ユニオン神学大学への赴任）、ニーバーの思想を丹念に追い、ニーバー神学の教義的諸相（中期のニーバーの人間、終末論、キリストなど）、神話・象徴・啓示、ニーバー神学の特質の三部からなる。（平成五年度文部省科研費交付図書）

四六判　四四八六円

978-4-915832-06-2（1993）（4-915832-06-6）

ニーバーとその時代
ラインホールド・ニーバーの預言者的役割とその遺産

チャールズ・C・ブラウン 著
高橋義文 訳

「預言者的現実主義者」として、アメリカの神学者だけでなく、政治学者また政治家たちに多大な影響を与えたラインホールド・ニーバーの伝記。数多くのニーバーの伝記の中でニーバーの思想の意味をニーバーの生きた時代・社会との関連を明らかにしながら解明する「バランスのとれた伝記」として高く評価されている。

A5判　六三〇〇円

978-4-915832-49-9（2004）（4-915832-49-X）

アメリカ史のアイロニー

R・ニーバー 著
大木英夫・深井智朗 訳

アメリカは二〇世紀の半ば、突如として、国民的経験も精神的準備もないままに世界史的勢力として台頭し、世界史の中に踊り出た。この「大国」アメリカはどこに向かうべきか。本書は、原書が一九五二年に出版されているが、世界史的「大国」アメリカの問題を「権力の腐敗」の問題として鋭く抉り出し、アメリカを自己認識と責任意識へと導こうとする、現代の問題をも照射するアメリカ論の新訳である。付録として巻末にニーバーの「ユーモアと信仰」を所収。

四六判　三九九〇円

978-4-915832-44-4（2002）（4-915832-44-9）